PORTUGUÉS
VOCABULARIO

PALABRAS MÁS USADAS

ESPAÑOL-
PORTUGUÉS

Las palabras más útiles
Para expandir su vocabulario y refinar
sus habilidades lingüísticas

5000 palabras

Vocabulario Español-Portugués Brasilero - 5000 palabras más usadas
por Andrey Taranov

Los vocabularios de T&P Books buscan ayudar en el aprendizaje, la memorización y la revisión de palabras de idiomas extranjeros. El diccionario se divide por temas, cubriendo toda la esfera de las actividades cotidianas, de negocios, ciencias, cultura, etc.

El proceso de aprendizaje de palabras utilizando los diccionarios temáticos de T&P Books le proporcionará a usted las siguientes ventajas:

- La información del idioma secundario está organizada claramente y predetermina el éxito para las etapas subsiguientes en la memorización de palabras.
- Las palabras derivadas de la misma raíz se agrupan, lo cual permite la memorización de grupos de palabras en vez de palabras aisladas.
- Las unidades pequeñas de palabras facilitan el proceso de reconocimiento de enlaces de asociación que se necesitan para la cohesión del vocabulario.
- De este modo, se puede estimar el número de palabras aprendidas y así también el nivel de conocimiento del idioma.

Copyright © 2024 T&P Books Publishing

Todos los derechos reservados. Ninguna porción de este libro puede reproducirse o utilizarse de ninguna manera o por ningún medio; sea electrónico o mecánico, lo cual incluye la fotocopia, grabación o información almacenada y sistemas de recuperación, sin el permiso escrito de la editorial.

T&P Books Publishing
www.tpbooks.com

ISBN: 978-1-78767-458-5

Este libro está disponible en formato electrónico o de E-Book también.
Visite www.tpbooks.com o las librerías electrónicas más destacadas en la Red.

VOCABULARIO PORTUGUÉS BRASILERO
palabras más usadas

Los vocabularios de T&P Books buscan ayudar al aprendiz a aprender, memorizar y repasar palabras de idiomas extranjeros. Los vocabularios contienen más de 5000 palabras comúnmente usadas y organizadas de manera temática.

- El vocabulario contiene las palabras corrientes más usadas.
- Se recomienda como ayuda adicional a cualquier curso de idiomas.
- Capta las necesidades de aprendices de nivel principiante y avanzado.
- Es conveniente para uso cotidiano, prácticas de revisión y actividades de auto-evaluación.
- Facilita la evaluación del vocabulario.

Aspectos claves del vocabulario

- Las palabras se organizan según el significado, no según el orden alfabético.
- Las palabras se presentan en tres columnas para facilitar los procesos de repaso y auto-evaluación.
- Los grupos de palabras se dividen en pequeñas secciones para facilitar el proceso de aprendizaje.
- El vocabulario ofrece una transcripción sencilla y conveniente de cada palabra extranjera.

El vocabulario contiene 155 temas que incluyen lo siguiente:

Conceptos básicos, números, colores, meses, estaciones, unidades de medidas, ropa y accesorios, comida y nutrición, restaurantes, familia nuclear, familia extendida, características de personalidad, sentimientos, emociones, enfermedades, la ciudad y el pueblo, exploración del paisaje, compras, finanzas, la casa, el hogar, la oficina, el trabajo en oficina, importación y exportación, promociones, búsqueda de trabajo, deportes, educación, computación, la red, herramientas, la naturaleza, los países, las nacionalidades y más ...

TABLA DE CONTENIDO

GUÍA DE PRONUNCIACIÓN	9
ABREVIATURAS	10

CONCEPTOS BÁSICOS — 12
Conceptos básicos. Unidad 1 — 12

1. Los pronombres — 12
2. Saludos. Salutaciones. Despedidas — 12
3. Como dirigirse a otras personas — 13
4. Números cardinales. Unidad 1 — 13
5. Números cardinales. Unidad 2 — 14
6. Números ordinales — 15
7. Números. Fracciones — 15
8. Números. Operaciones básicas — 15
9. Números. Miscelánea — 15
10. Los verbos más importantes. Unidad 1 — 16
11. Los verbos más importantes. Unidad 2 — 17
12. Los verbos más importantes. Unidad 3 — 18
13. Los verbos más importantes. Unidad 4 — 19
14. Los colores — 20
15. Las preguntas — 20
16. Las preposiciones — 21
17. Las palabras útiles. Los adverbios. Unidad 1 — 21
18. Las palabras útiles. Los adverbios. Unidad 2 — 23

Conceptos básicos. Unidad 2 — 25

19. Los días de la semana — 25
20. Las horas. El día y la noche — 25
21. Los meses. Las estaciones — 26
22. Las unidades de medida — 28
23. Contenedores — 29

EL SER HUMANO — 30
El ser humano. El cuerpo — 30

24. La cabeza — 30
25. El cuerpo — 31

La ropa y los accesorios — 32

26. La ropa exterior. Los abrigos — 32
27. Ropa de hombre y mujer — 32

28. La ropa. La ropa interior	33
29. Gorras	33
30. El calzado	33
31. Accesorios personales	34
32. La ropa. Miscelánea	34
33. Productos personales. Cosméticos	35
34. Los relojes	36

La comida y la nutrición	37
35. La comida	37
36. Las bebidas	38
37. Las verduras	39
38. Las frutas. Las nueces	40
39. El pan. Los dulces	41
40. Los platos	41
41. Las especias	42
42. Las comidas	43
43. Los cubiertos	44
44. El restaurante	44

La familia nuclear, los parientes y los amigos	45
45. La información personal. Los formularios	45
46. Los familiares. Los parientes	45

La medicina	47
47. Las enfermedades	47
48. Los síntomas. Los tratamientos. Unidad 1	48
49. Los síntomas. Los tratamientos. Unidad 2	49
50. Los síntomas. Los tratamientos. Unidad 3	50
51. Los médicos	51
52. La medicina. Las drogas. Los accesorios	51

EL AMBIENTE HUMANO	53
La ciudad	53
53. La ciudad. La vida en la ciudad	53
54. Las instituciones urbanas	54
55. Los avisos	55
56. El transporte urbano	56
57. El turismo. La excursión	57
58. Las compras	58
59. El dinero	59
60. La oficina de correos	60

La vivienda. La casa. El hogar	61
61. La casa. La electricidad	61

62. La villa. La mansión	61
63. El apartamento	61
64. Los muebles. El interior	62
65. Los accesorios de cama	63
66. La cocina	63
67. El baño	64
68. Los aparatos domésticos	65

LAS ACTIVIDADES DE LA GENTE	66
El trabajo. Los negocios. Unidad 1	66
69. La oficina. El trabajo de oficina	66
70. Los procesos de negocio. Unidad 1	67
71. Los procesos de negocio. Unidad 2	68
72. La producción. Los trabajos	69
73. El contrato. El acuerdo	70
74. Importación y exportación	71
75. Las finanzas	71
76. La mercadotecnia	72
77. La publicidad	73
78. La banca	73
79. El teléfono. Las conversaciones telefónicas	74
80. El teléfono celular	75
81. Los artículos de escritorio. La papelería	75
82. Tipos de negocios	76

El trabajo. Los negocios. Unidad 2	78
83. La exhibición. La feria comercial	78
84. La ciencia. La investigación. Los científicos	79

Las profesiones y los oficios	81
85. La búsqueda de trabajo. El despido	81
86. Los negociantes	81
87. Los trabajos de servicio	82
88. La profesión militar y los rangos	83
89. Los oficiales. Los sacerdotes	84
90. Las profesiones agrícolas	84
91. Las profesiones artísticas	85
92. Profesiones diversas	85
93. Los trabajos. El estatus social	87

La educación	88
94. La escuela	88
95. Los institutos. La Universidad	89
96. Las ciencias. Las disciplinas	90
97. Los sistemas de escritura. La ortografía	90
98. Los idiomas extranjeros	91

El descanso. El entretenimiento. El viaje 93

99. Las vacaciones. El viaje 93
100. El hotel 93

EL EQUIPO TÉCNICO. EL TRANSPORTE 95
El equipo técnico 95

101. El computador 95
102. El internet. El correo electrónico 96
103. La electricidad 97
104. Las herramientas 97

El transporte 100

105. El avión 100
106. El tren 101
107. El barco 102
108. El aeropuerto 103

Acontecimentos de la vida 105

109. Los días festivos. Los eventos 105
110. Los funerales. El entierro 106
111. La guerra. Los soldados 106
112. La guerra. El ámbito militar. Unidad 1 107
113. La guerra. El ámbito militar. Unidad 2 109
114. Las armas 110
115. Los pueblos antiguos 112
116. La Edad Media 112
117. El líder. El jefe. Las autoridades 114
118. Violar la ley. Los criminales. Unidad 1 115
119. Violar la ley. Los criminales. Unidad 2 116
120. La policía. La ley. Unidad 1 117
121. La policía. La ley. Unidad 2 118

LA NATURALEZA 120
La tierra. Unidad 1 120

122. El espacio 120
123. La tierra 121
124. Los puntos cardinales 122
125. El mar. El océano 122
126. Los nombres de los mares y los océanos 123
127. Las montañas 124
128. Los nombres de las montañas 125
129. Los ríos 125
130. Los nombres de los ríos 126
131. El bosque 126
132. Los recursos naturales 127

La tierra. Unidad 2

133. El tiempo	129
134. Los eventos climáticos severos. Los desastres naturales	130

La fauna
131

135. Los mamíferos. Los predadores	131
136. Los animales salvajes	131
137. Los animales domésticos	132
138. Los pájaros	133
139. Los peces. Los animales marinos	135
140. Los anfibios. Los reptiles	135
141. Los insectos	136

La flora
137

142. Los árboles	137
143. Los arbustos	137
144. Las frutas. Las bayas	138
145. Las flores. Las plantas	139
146. Los cereales, los granos	140

LOS PAÍSES. LAS NACIONALIDADES
141

147. Europa occidental	141
148. Europa central y oriental	141
149. Los países de la antes Unión Soviética	142
150. Asia	142
151. América del Norte	143
152. Centroamérica y Sudamérica	143
153. África	144
154. Australia. Oceanía	144
155. Las ciudades	144

GUÍA DE PRONUNCIACIÓN

T&P alfabeto fonético	Ejemplo portugués	Ejemplo español

Las vocales

[a]	baixo ['baɪʃu]	radio
[e]	erro ['eʀu]	verano
[ɛ]	leve ['lɛvə]	mes
[i]	lancil [lã'sil]	ilegal
[o], [ɔ]	boca, orar ['bokə], [ɔ'rar]	bolsa
[u]	urgente [ur'ʒẽtə]	mundo
[ä]	toranja [tu'rãʒə]	[a] nasal
[ẽ]	gente ['ʒẽtə]	[e] nasal
[ĩ]	seringa [sə'rĩgə]	[i] nasal
[õ]	ponto ['põtu]	[o] nasal
[ũ]	umbigo [ũ'bigu]	[u] nasal

Las consonantes

[b]	banco ['bãku]	en barco
[d]	duche ['duʃə]	desierto
[ʤ]	abade [a'baʤi]	jazz
[f]	facto ['faktu]	golf
[g]	gorila [gu'rilə]	jugada
[j]	feira ['fejrə]	asiento
[k]	claro ['klaru]	charco
[l]	Londres ['lõdrəʃ]	lira
[ʎ]	molho ['moʎu]	lágrima
[m]	montanha [mõ'tɐɲɐ]	nombre
[n]	novela [nu'vɛlə]	número
[ɲ]	senhora [sə'ɲorə]	leña
[ŋ]	marketing ['marketiŋ]	rincón
[p]	prata ['pratə]	precio
[s]	safira [sə'firə]	salva
[ʃ]	texto ['tɛʃtu]	shopping
[t]	teto ['tɛtu]	torre
[tʃ]	doente [do'ẽtʃi]	mapache
[v]	alvo ['alvu]	travieso
[z]	vizinha [vi'ziɲə]	desde
[ʒ]	juntos ['ʒũtuʃ]	adyacente
[w]	sequoia [sə'kwojə]	acuerdo

ABREVIATURAS
usadas en el vocabulario

Abreviatura en español

adj	- adjetivo
adv	- adverbio
anim.	- animado
conj	- conjunción
etc.	- etcétera
f	- sustantivo femenino
f pl	- femenino plural
fam.	- uso familiar
fem.	- femenino
form.	- uso formal
inanim.	- inanimado
innum.	- innumerable
m	- sustantivo masculino
m pl	- masculino plural
m, f	- masculino, femenino
masc.	- masculino
mat	- matemáticas
mil.	- militar
num.	- numerable
p.ej.	- por ejemplo
pl	- plural
pron	- pronombre
sg	- singular
v aux	- verbo auxiliar
vi	- verbo intransitivo
vi, vt	- verbo intransitivo, verbo transitivo
vr	- verbo reflexivo
vt	- verbo transitivo

Abreviatura en portugués

f	- sustantivo femenino
f pl	- femenino plural
m	- sustantivo masculino
m pl	- masculino plural
m, f	- masculino, femenino
pl	- plural
v aux	- verbo auxiliar

vi	-	verbo intransitivo
vi, vt	-	verbo intransitivo, verbo transitivo
vr	-	verbo reflexivo
vt	-	verbo transitivo

CONCEPTOS BÁSICOS

Conceptos básicos. Unidad 1

1. Los pronombres

yo	eu	['ew]
tú	você	[vɔ'se]
él	ele	['ɛli]
ella	ela	['ɛla]
nosotros, -as	nós	[nɔs]
vosotros, -as	vocês	[vɔ'ses]
ellos	eles	['ɛlis]
ellas	elas	['ɛlas]

2. Saludos. Salutaciones. Despedidas

¡Hola! (fam.)	Oi!	[ɔj]
¡Hola! (form.)	Olá!	[o'la]
¡Buenos días!	Bom dia!	[bõ 'dʒia]
¡Buenas tardes!	Boa tarde!	['boa 'tardʒi]
¡Buenas noches!	Boa noite!	['boa 'nojtʃi]
decir hola	cumprimentar (vt)	[kũprimẽ'tar]
¡Hola! (a un amigo)	Oi!	[ɔj]
saludo (m)	saudação (f)	[sawda'sãw]
saludar (vt)	saudar (vt)	[saw'dar]
¿Cómo estáis?	Como você está?	['kɔmu vo'se is'ta]
¿Cómo estás?	Como vai?	['kɔmu 'vaj]
¿Qué hay de nuevo?	E aí, novidades?	[a a'i novi'dadʒis]
¡Chau! ¡Adiós!	Tchau!	['tʃaw]
¡Hasta pronto!	Até breve!	[a'tɛ 'brɛvi]
¡Adiós!	Adeus!	[a'dews]
despedirse (vr)	despedir-se (vr)	[dʒispe'dʒirsi]
¡Hasta luego!	Até mais!	[a'tɛ majs]
¡Gracias!	Obrigado! -a!	[obri'gadu, -a]
¡Muchas gracias!	Muito obrigado! -a!	['mwĩtu obri'gadu, -a]
De nada	De nada	[de 'nada]
No hay de qué	Não tem de quê	['nãw tẽj de ke]
De nada	Não foi nada!	['nãw foj 'nada]
¡Disculpa!	Desculpa!	[dʒis'kuwpa]
¡Disculpe!	Desculpe!	[dʒis'kuwpe]

disculpar (vt)	desculpar (vt)	[dʒiskuw'par]
disculparse (vr)	desculpar-se (vr)	[dʒiskuw'parsi]
Mis disculpas	Me desculpe	[mi dʒis'kuwpe]
¡Perdóneme!	Desculpe!	[dʒis'kuwpe]
perdonar (vt)	perdoar (vt)	[per'dwar]
¡No pasa nada!	Não faz mal	['nãw fajʒ maw]
por favor	por favor	[por fa'vor]
¡No se le olvide!	Não se esqueça!	['nãw si is'kesa]
¡Ciertamente!	Com certeza!	[kõ ser'teza]
¡Claro que no!	Claro que não!	['klaru ki 'nãw]
¡De acuerdo!	Está bem! De acordo!	[is'ta bẽj], [de a'kordu]
¡Basta!	Chega!	['ʃega]

3. Como dirigirse a otras personas

¡Perdóneme!	Desculpe ...	[dʒis'kuwpe]
señor	senhor	[se'ɲor]
señora	senhora	[se'ɲora]
señorita	senhorita	[seɲo'rita]
joven	jovem	['ʒɔvẽ]
niño	menino	[me'ninu]
niña	menina	[me'nina]

4. Números cardinales. Unidad 1

cero	zero	['zɛru]
uno	um	[ũ]
dos	dois	['dojs]
tres	três	[tres]
cuatro	quatro	['kwatru]
cinco	cinco	['sĩku]
seis	seis	[sejs]
siete	sete	['sɛtʃi]
ocho	oito	['ojtu]
nueve	nove	['nɔvi]
diez	dez	[dɛz]
once	onze	['õzi]
doce	doze	['dozi]
trece	treze	['trezi]
catorce	catorze	[ka'torzi]
quince	quinze	['kĩzi]
dieciséis	dezesseis	[deze'sejs]
diecisiete	dezessete	[dezi'setʃi]
dieciocho	dezoito	[dʒi'zojtu]
diecinueve	dezenove	[deze'nɔvi]
veinte	vinte	['vĩtʃi]
veintiuno	vinte e um	['vĩtʃi i ũ]

veintidós	vinte e dois	['vĩtʃi i 'dojs]
veintitrés	vinte e três	['vĩtʃi i 'tres]
treinta	trinta	['trĩta]
treinta y uno	trinta e um	['trĩta i ũ]
treinta y dos	trinta e dois	['trĩta i 'dojs]
treinta y tres	trinta e três	['trĩta i 'tres]
cuarenta	quarenta	[kwa'rẽta]
cuarenta y uno	quarenta e um	[kwa'rẽta i 'ũ]
cuarenta y dos	quarenta e dois	[kwa'rẽta i 'dojs]
cuarenta y tres	quarenta e três	[kwa'rẽta i 'tres]
cincuenta	cinquenta	[sĩ'kwẽta]
cincuenta y uno	cinquenta e um	[sĩ'kwẽta i ũ]
cincuenta y dos	cinquenta e dois	[sĩ'kwẽta i 'dojs]
cincuenta y tres	cinquenta e três	[sĩ'kwẽta i 'tres]
sesenta	sessenta	[se'sẽta]
sesenta y uno	sessenta e um	[se'sẽta i ũ]
sesenta y dos	sessenta e dois	[se'sẽta i 'dojs]
sesenta y tres	sessenta e três	[se'sẽta i 'tres]
setenta	setenta	[se'tẽta]
setenta y uno	setenta e um	[se'tẽta i ũ]
setenta y dos	setenta e dois	[se'tẽta i 'dojs]
setenta y tres	setenta e três	[se'tẽta i 'tres]
ochenta	oitenta	[oj'tẽta]
ochenta y uno	oitenta e um	[oj'tẽta i 'ũ]
ochenta y dos	oitenta e dois	[oj'tẽta i 'dojs]
ochenta y tres	oitenta e três	[oj'tẽta i 'tres]
noventa	noventa	[no'vẽta]
noventa y uno	noventa e um	[no'vẽta i 'ũ]
noventa y dos	noventa e dois	[no'vẽta i 'dojs]
noventa y tres	noventa e três	[no'vẽta i 'tres]

5. Números cardinales. Unidad 2

cien	cem	[sẽ]
doscientos	duzentos	[du'zẽtus]
trescientos	trezentos	[tre'zẽtus]
cuatrocientos	quatrocentos	[kwatro'sẽtus]
quinientos	quinhentos	[ki'ɲẽtus]
seiscientos	seiscentos	[sej'sẽtus]
setecientos	setecentos	[sete'sẽtus]
ochocientos	oitocentos	[ojtu'sẽtus]
novecientos	novecentos	[nove'sẽtus]
mil	mil	[miw]
dos mil	dois mil	['dojs miw]
tres mil	três mil	['tres miw]

diez mil	dez mil	['dɛz miw]
cien mil	cem mil	[sẽ miw]
millón (m)	um milhão	[ũ mi'ʎãw]
mil millones	um bilhão	[ũ bi'ʎãw]

6. Números ordinales

primero (adj)	primeiro	[pri'mejru]
segundo (adj)	segundo	[se'gũdu]
tercero (adj)	terceiro	[ter'sejru]
cuarto (adj)	quarto	['kwartu]
quinto (adj)	quinto	['kĩtu]
sexto (adj)	sexto	['sestu]
séptimo (adj)	sétimo	['sɛtʃimu]
octavo (adj)	oitavo	[oj'tavu]
noveno (adj)	nono	['nonu]
décimo (adj)	décimo	['dɛsimu]

7. Números. Fracciones

fracción (f)	fração (f)	[fra'sãw]
un medio	um meio	[ũ 'meju]
un tercio	um terço	[ũ 'tersu]
un cuarto	um quarto	[ũ 'kwartu]
un octavo	um oitavo	[ũ oj'tavu]
un décimo	um décimo	[ũ 'dɛsimu]
dos tercios	dois terços	['dojs 'tersus]
tres cuartos	três quartos	[tres 'kwartus]

8. Números. Operaciones básicas

sustracción (f)	subtração (f)	[subtra'sãw]
sustraer (vt)	subtrair (vi, vt)	[subtra'ir]
división (f)	divisão (f)	[dʒivi'zãw]
dividir (vt)	dividir (vt)	[dʒivi'dʒir]
adición (f)	adição (f)	[adʒi'sãw]
sumar (totalizar)	somar (vt)	[so'mar]
adicionar (vt)	adicionar (vt)	[adʒisjo'nar]
multiplicación (f)	multiplicação (f)	[muwtʃiplika'sãw]
multiplicar (vt)	multiplicar (vt)	[muwtʃipli'kar]

9. Números. Miscelánea

cifra (f)	algarismo, dígito (m)	[awga'rizmu], ['dʒiʒitu]
número (m) (~ cardinal)	número (m)	['numeru]

numeral (m)	numeral (m)	[nume'raw]
menos (m)	sinal (m) de menos	[si'naw de 'menus]
más (m)	mais (m)	[majs]
fórmula (f)	fórmula (f)	['fɔrmula]
cálculo (m)	cálculo (m)	['kawkulu]
contar (vt)	contar (vt)	[kõ'tar]
calcular (vt)	calcular (vt)	[kawku'lar]
comparar (vt)	comparar (vt)	[kõpa'rar]
¿Cuánto? (innum.)	Quanto?	['kwãtu]
¿Cuánto? (num.)	Quantos? -as?	['kwãtus, -as]
suma (f)	soma (f)	['sɔma]
resultado (m)	resultado (m)	[hezuw'tadu]
resto (m)	resto (m)	['hɛstu]
algunos, algunas ...	alguns, algumas ...	[aw'gũs], [aw'gumas]
poco (num.)	poucos, poucas	['pokus], ['pokas]
poco (innum.)	um pouco ...	[ũ 'poku]
resto (m)	resto (m)	['hɛstu]
uno y medio	um e meio	[ũ i 'meju]
docena (f)	dúzia (f)	['duzja]
en dos	ao meio	[aw 'meju]
en partes iguales	em partes iguais	[ẽ 'partʃis i'gwais]
mitad (f)	metade (f)	[me'tadʒi]
vez (f)	vez (f)	[vez]

10. Los verbos más importantes. Unidad 1

abrir (vt)	abrir (vt)	[a'brir]
acabar, terminar (vt)	acabar, terminar (vt)	[aka'bar], [termi'nar]
aconsejar (vt)	aconselhar (vt)	[akõse'ʎar]
adivinar (vt)	adivinhar (vt)	[adʒivi'ɲar]
advertir (vt)	advertir (vt)	[adʒiver'tʃir]
alabarse, jactarse (vr)	gabar-se (vr)	[ga'barsi]
almorzar (vi)	almoçar (vi)	[awmo'sar]
alquilar (~ una casa)	alugar (vt)	[alu'gar]
amenazar (vt)	ameaçar (vt)	[amea'sar]
arrepentirse (vr)	arrepender-se (vr)	[ahepẽ'dersi]
ayudar (vt)	ajudar (vt)	[aʒu'dar]
bañarse (vr)	ir nadar	[ir na'dar]
bromear (vi)	brincar (vi)	[brĩ'kar]
buscar (vt)	buscar (vt)	[bus'kar]
caer (vi)	cair (vi)	[ka'ir]
callarse (vr)	ficar em silêncio	[fi'kar ẽ si'lẽsju]
cambiar (vt)	mudar (vt)	[mu'dar]
castigar, punir (vt)	punir (vt)	[pu'nir]
cavar (vt)	cavar (vt)	[ka'var]
cazar (vi, vt)	caçar (vi)	[ka'sar]

cenar (vi)	jantar (vi)	[ʒã'tar]
cesar (vt)	cessar (vt)	[se'sar]
coger (vt)	pegar (vt)	[pe'gar]
comenzar (vt)	começar (vt)	[kome'sar]

comparar (vt)	comparar (vt)	[kõpa'rar]
comprender (vt)	entender (vt)	[ẽtẽ'der]
confiar (vt)	confiar (vt)	[kõ'fjar]
confundir (vt)	confundir (vt)	[kõfũ'dʒir]
conocer (~ a alguien)	conhecer (vt)	[koɲe'ser]
contar (vt) (enumerar)	contar (vt)	[kõ'tar]

contar con ...	contar com ...	[kõ'tar kõ]
continuar (vt)	continuar (vt)	[kõtʃi'nwar]
controlar (vt)	controlar (vt)	[kõtro'lar]
correr (vi)	correr (vi)	[ko'her]
costar (vt)	custar (vt)	[kus'tar]
crear (vt)	criar (vt)	[krjar]

11. Los verbos más importantes. Unidad 2

dar (vt)	dar (vt)	[dar]
dar una pista	dar uma dica	[dar 'uma 'dʒika]
decir (vt)	dizer (vt)	[dʒi'zer]
decorar (para la fiesta)	decorar (vt)	[deko'rar]

defender (vt)	defender (vt)	[defẽ'der]
dejar caer	deixar cair (vt)	[dej'ʃar ka'ir]
desayunar (vi)	tomar café da manhã	[to'mar ka'fɛ da ma'ɲã]
descender (vi)	descer (vi)	[de'ser]

dirigir (administrar)	dirigir (vt)	[dʒiri'ʒir]
disculpar (vt)	desculpar (vt)	[dʒiskuw'par]
disculparse (vr)	desculpar-se (vr)	[dʒiskuw'parsi]
discutir (vt)	discutir (vt)	[dʒisku'tʃir]
dudar (vt)	duvidar (vt)	[duvi'dar]

encontrar (hallar)	encontrar (vt)	[ẽkõ'trar]
engañar (vi, vt)	enganar (vt)	[ẽga'nar]
entrar (vi)	entrar (vi)	[ẽ'trar]
enviar (vt)	enviar (vt)	[ẽ'vjar]

equivocarse (vr)	errar (vi)	[e'har]
escoger (vt)	escolher (vt)	[isko'ʎer]
esconder (vt)	esconder (vt)	[iskõ'der]
escribir (vt)	escrever (vt)	[iskre'ver]
esperar (aguardar)	esperar (vt)	[ispe'rar]

esperar (tener esperanza)	esperar (vi, vt)	[ispe'rar]
estar (vi)	estar (vi)	[is'tar]
estar de acuerdo	concordar (vi)	[kõkor'dar]
estudiar (vt)	estudar (vt)	[istu'dar]
exigir (vt)	exigir (vt)	[ezi'ʒir]
existir (vi)	existir (vi)	[ezis'tʃir]

explicar (vt)	explicar (vt)	[ispli'kar]
faltar (a las clases)	faltar a ...	[faw'tar a]
firmar (~ el contrato)	assinar (vt)	[asi'nar]

girar (~ a la izquierda)	virar (vi)	[vi'rar]
gritar (vi)	gritar (vi)	[gri'tar]
guardar (conservar)	guardar (vt)	[gwar'dar]
gustar (vi)	gostar (vt)	[gos'tar]
hablar (vi, vt)	falar (vi)	[fa'lar]

hacer (vt)	fazer (vt)	[fa'zer]
informar (vt)	informar (vt)	[ĩfor'mar]
insistir (vi)	insistir (vi)	[ĩsis'tʃir]
insultar (vt)	insultar (vt)	[ĩsuw'tar]

interesarse (vr)	interessar-se (vr)	[ĩtere'sarsi]
invitar (vt)	convidar (vt)	[kõvi'dar]
ir (a pie)	ir (vi)	[ir]
jugar (divertirse)	brincar, jogar (vi, vt)	[brĩ'kar], [ʒo'gar]

12. Los verbos más importantes. Unidad 3

leer (vi, vt)	ler (vt)	[ler]
liberar (ciudad, etc.)	libertar, liberar (vt)	[liber'tar], [libe'rar]
llamar (por ayuda)	chamar (vt)	[ʃa'mar]
llegar (vi)	chegar (vi)	[ʃe'gar]
llorar (vi)	chorar (vi)	[ʃo'rar]

matar (vt)	matar (vt)	[ma'tar]
mencionar (vt)	mencionar (vt)	[mẽsjo'nar]
mostrar (vt)	mostrar (vt)	[mos'trar]
nadar (vi)	nadar (vi)	[na'dar]

negarse (vr)	negar-se (vt)	[ne'garsi]
objetar (vt)	objetar (vt)	[obʒe'tar]
observar (vt)	observar (vt)	[obser'var]
oír (vt)	ouvir (vt)	[o'vir]

olvidar (vt)	esquecer (vt)	[iske'ser]
orar (vi)	rezar, orar (vi)	[he'zar], [o'rar]
ordenar (mil.)	ordenar (vt)	[orde'nar]
pagar (vi, vt)	pagar (vt)	[pa'gar]
pararse (vr)	parar (vi)	[pa'rar]

participar (vi)	participar (vi)	[partʃisi'par]
pedir (ayuda, etc.)	pedir (vt)	[pe'dʒir]
pedir (en restaurante)	pedir (vt)	[pe'dʒir]
pensar (vi, vt)	pensar (vi, vt)	[pẽ'sar]

percibir (ver)	perceber (vt)	[perse'ber]
perdonar (vt)	perdoar (vt)	[per'dwar]
permitir (vt)	permitir (vt)	[permi'tʃir]
pertenecer a ...	pertencer (vt)	[pertẽ'ser]
planear (vt)	planejar (vt)	[plane'ʒar]

poder (v aux)	poder (vi)	[po'der]
poseer (vt)	possuir (vt)	[po'swir]
preferir (vt)	preferir (vt)	[prefe'rir]
preguntar (vt)	perguntar (vt)	[pergũ'tar]
preparar (la cena)	preparar (vt)	[prepa'rar]
prever (vt)	prever (vt)	[pre'ver]
probar, tentar (vt)	tentar (vt)	[tẽ'tar]
prometer (vt)	prometer (vt)	[prome'ter]
pronunciar (vt)	pronunciar (vt)	[pronũ'sjar]
proponer (vt)	propor (vt)	[pro'por]
quebrar (vt)	quebrar (vt)	[ke'brar]
quejarse (vr)	queixar-se (vr)	[kej'ʃarsi]
querer (amar)	amar (vt)	[a'mar]
querer (desear)	querer (vt)	[ke'rer]

13. Los verbos más importantes. Unidad 4

recomendar (vt)	recomendar (vt)	[hekomẽ'dar]
regañar, reprender (vt)	ralhar, repreender (vt)	[ha'ʎar], [heprjẽ'der]
reírse (vr)	rir (vi)	[hir]
repetir (vt)	repetir (vt)	[hepe'tʃir]
reservar (~ una mesa)	reservar (vt)	[hezer'var]
responder (vi, vt)	responder (vt)	[hespõ'der]
robar (vt)	roubar (vt)	[ho'bar]
saber (~ algo mas)	saber (vt)	[sa'ber]
salir (vi)	sair (vi)	[sa'ir]
salvar (vt)	salvar (vt)	[saw'var]
seguir ...	seguir ...	[se'gir]
sentarse (vr)	sentar-se (vr)	[sẽ'tarsi]
ser (vi)	ser (vi)	[ser]
ser necesario	ser necessário	[ser nese'sarju]
significar (vt)	significar (vt)	[signifi'kar]
sonreír (vi)	sorrir (vi)	[so'hir]
sorprenderse (vr)	surpreender-se (vr)	[surprjẽ'dersi]
subestimar (vt)	subestimar (vt)	[subestʃi'mar]
tener (vt)	ter (vt)	[ter]
tener hambre	ter fome	[ter 'fɔmi]
tener miedo	ter medo	[ter 'medu]
tener prisa	apressar-se (vr)	[apre'sarsi]
tener sed	ter sede	[ter 'sedʒi]
tirar, disparar (vi)	disparar, atirar (vi)	[dʒispa'rar], [atʃi'rar]
tocar (con las manos)	tocar (vt)	[to'kar]
tomar (vt)	pegar (vt)	[pe'gar]
tomar nota	anotar (vt)	[ano'tar]
trabajar (vi)	trabalhar (vi)	[traba'ʎar]
traducir (vt)	traduzir (vt)	[tradu'zir]
unir (vt)	unir (vt)	[u'nir]

vender (vt)	vender (vt)	[vẽ'der]
ver (vt)	ver (vt)	[ver]
volar (pájaro, avión)	voar (vi)	[vo'ar]

14. Los colores

color (m)	cor (f)	[kɔr]
matiz (m)	tom (m)	[tõ]
tono (m)	tonalidade (m)	[tonali'dadʒi]
arco (m) iris	arco-íris (m)	['arku 'iris]
blanco (adj)	branco	['brãku]
negro (adj)	preto	['pretu]
gris (adj)	cinza	['sĩza]
verde (adj)	verde	['verdʒi]
amarillo (adj)	amarelo	[ama'rɛlu]
rojo (adj)	vermelho	[ver'meʎu]
azul (adj)	azul	[a'zuw]
azul claro (adj)	azul claro	[a'zuw 'klaru]
rosa (adj)	rosa	['hɔza]
naranja (adj)	laranja	[la'rãʒa]
violeta (adj)	violeta	[vjo'leta]
marrón (adj)	marrom	[ma'hõ]
dorado (adj)	dourado	[do'radu]
argentado (adj)	prateado	[pra'tʃjadu]
beige (adj)	bege	['bɛʒi]
crema (adj)	creme	['krɛmi]
turquesa (adj)	turquesa	[tur'keza]
rojo cereza (adj)	vermelho cereja	[ver'meʎu se'reʒa]
lila (adj)	lilás	[li'las]
carmesí (adj)	carmim	[kah'mĩ]
claro (adj)	claro	['klaru]
oscuro (adj)	escuro	[is'kuru]
vivo (adj)	vivo	['vivu]
de color (lápiz ~)	de cor	[de kɔr]
en colores (película ~)	a cores	[a 'kores]
blanco y negro (adj)	preto e branco	['pretu i 'brãku]
unicolor (adj)	de uma só cor	[de 'uma sɔ kɔr]
multicolor (adj)	multicolor	[muwtʃiko'lor]

15. Las preguntas

¿Quién?	Quem?	[kẽj]
¿Qué?	O que?	[u ki]
¿Dónde?	Onde?	['õdʒi]
¿Adónde?	Para onde?	['para 'õdʒi]

¿De dónde?	De onde?	[de 'õdʒi]
¿Cuándo?	Quando?	['kwãdu]
¿Para qué?	Para quê?	['para ke]
¿Por qué?	Por quê?	[por 'ke]

¿Por qué razón?	Para quê?	['para ke]
¿Cómo?	Como?	['kɔmu]
¿Qué ...? (~ color)	Qual?	[kwaw]
¿Cuál?	Qual?	[kwaw]

¿A quién?	A quem?	[a kẽj]
¿De quién? (~ hablan ...)	De quem?	[de kẽj]
¿De qué?	Do quê?	[du ke]
¿Con quién?	Com quem?	[kõ kẽj]

¿Cuánto? (innum.)	Quanto?	['kwãtu]
¿Cuánto? (num.)	Quantos? -as?	['kwãtus, -as]
¿De quién? (~ es este ...)	De quem?	[de kẽj]

16. Las preposiciones

con ... (~ algn)	com	[kõ]
sin ... (~ azúcar)	sem	[sẽ]
a ... (p.ej. voy a México)	a ..., para ...	[a], ['para]
de ... (hablar ~)	sobre ...	['sobri]
antes de ...	antes de ...	['ãtʃis de]
delante de ...	em frente de ...	[ẽ 'frẽtʃi de]

debajo	debaixo de ...	[de'baɪʃu de]
sobre ..., encima de ...	sobre ..., em cima de ...	['sobri], [ẽ 'sima de]
en, sobre (~ la mesa)	em ..., sobre ...	[ẽ], ['sobri]
de (origen)	de ...	[de]
de (fabricado de)	de ...	[de]

dentro de ...	em ...	[ẽ]
encima de ...	por cima de ...	[por 'sima de]

17. Las palabras útiles. Los adverbios. Unidad 1

¿Dónde?	Onde?	['õdʒi]
aquí (adv)	aqui	[a'ki]
allí (adv)	lá, ali	[la], [a'li]

en alguna parte	em algum lugar	[ẽ aw'gũ lu'gar]
en ninguna parte	em lugar nenhum	[ẽ lu'gar ne'ɲũ]

junto a ...	perto de ...	['pɛrtu de]
junto a la ventana	perto da janela	['pɛrtu da ʒa'nɛla]

¿A dónde?	Para onde?	['para 'õdʒi]
aquí (venga ~)	aqui	[a'ki]
allí (vendré ~)	para lá	['para la]

de aquí (adv)	daqui	[da'ki]
de allí (adv)	de lá, dali	[de la], [da'li]
cerca (no lejos)	perto	['pɛrtu]
lejos (adv)	longe	['lõʒi]
cerca de ...	perto de ...	['pɛrtu de]
al lado (de ...)	à mão, perto	[a mãw], ['pɛrtu]
no lejos (adv)	não fica longe	['nãw 'fika 'lõʒi]
izquierdo (adj)	esquerdo	[is'kerdu]
a la izquierda (situado ~)	à esquerda	[a is'kerda]
a la izquierda (girar ~)	para a esquerda	['para a is'kerda]
derecho (adj)	direito	[dʒi'rejtu]
a la derecha (situado ~)	à direita	[a dʒi'rejta]
a la derecha (girar)	para a direita	['para a dʒi'rejta]
delante (yo voy ~)	em frente	[ẽ 'frẽtʃi]
delantero (adj)	da frente	[da 'frẽtʃi]
adelante (movimiento)	adiante	[a'dʒjãtʃi]
detrás de ...	atrás de ...	[a'trajs de]
desde atrás	de trás	[de trajs]
atrás (da un paso ~)	para trás	['para trajs]
centro (m), medio (m)	meio (m), metade (f)	['meju], [me'tadʒi]
en medio (adv)	no meio	[nu 'meju]
de lado (adv)	do lado	[du 'ladu]
en todas partes	em todo lugar	[ẽ 'todu lu'gar]
alrededor (adv)	por todos os lados	[por 'todus os 'ladus]
de dentro (adv)	de dentro	[de 'dẽtru]
a alguna parte	para algum lugar	['para aw'gũ lu'gar]
todo derecho (adv)	diretamente	[dʒireta'mẽtʃi]
atrás (muévelo para ~)	de volta	[de 'vɔwta]
de alguna parte (adv)	de algum lugar	[de aw'gũ lu'gar]
no se sabe de dónde	de algum lugar	[de aw'gũ lu'gar]
primero (adv)	em primeiro lugar	[ẽ pri'mejru lu'gar]
segundo (adv)	em segundo lugar	[ẽ se'gũdu lu'gar]
tercero (adv)	em terceiro lugar	[ẽ ter'sejru lu'gar]
de súbito (adv)	de repente	[de he'pẽtʃi]
al principio (adv)	no início	[nu i'nisju]
por primera vez	pela primeira vez	['pɛla pri'mejra 'vez]
mucho tiempo antes ...	muito antes de ...	['mwĩtu 'ãtʃis de]
de nuevo (adv)	de novo	[de 'novu]
para siempre (adv)	para sempre	['para 'sẽpri]
jamás, nunca (adv)	nunca	['nũka]
de nuevo (adv)	de novo	[de 'novu]
ahora (adv)	agora	[a'gɔra]
frecuentemente (adv)	frequentemente	[frekwẽtʃi'mẽtʃi]

entonces (adv)	então	[ẽ'tãw]
urgentemente (adv)	urgentemente	[urʒẽte'mẽtʃi]
usualmente (adv)	normalmente	[nɔrmaw'mẽtʃi]

a propósito, ...	a propósito, ...	[a pro'pozitu]
es probable	é possível	[ɛ po'sivew]
probablemente (adv)	provavelmente	[provavɛw'mẽtʃi]
tal vez	talvez	[taw'vez]
además ...	além disso, ...	[a'lẽj 'dʒisu]
por eso ...	por isso ...	[por 'isu]
a pesar de ...	apesar de ...	[ape'zar de]
gracias a ...	graças a ...	['grasas a]

qué (pron)	que	[ki]
que (conj)	que	[ki]
algo (~ le ha pasado)	algo	[awgu]
algo (~ así)	alguma coisa	[aw'guma 'kojza]
nada (f)	nada	['nada]

quien	quem	[kẽj]
alguien (viene ~)	alguém	[aw'gẽj]
alguien (¿ha llamado ~?)	alguém	[aw'gẽj]

nadie	ninguém	[nĩ'gẽj]
a ninguna parte	para lugar nenhum	['para lu'gar ne'ɲũ]
de nadie	de ninguém	[de nĩ'gẽj]
de alguien	de alguém	[de aw'gẽj]

tan, tanto (adv)	tão	[tãw]
también (~ habla francés)	também	[tã'bẽj]
también (p.ej. Yo ~)	também	[tã'bẽj]

18. Las palabras útiles. Los adverbios. Unidad 2

¿Por qué?	Por quê?	[por 'ke]
no se sabe porqué	por alguma razão	[por aw'guma ha'zãw]
porque ...	porque ...	[por'ke]
por cualquier razón (adv)	por qualquer razão	[por kwaw'ker ha'zãw]

y (p.ej. uno y medio)	e	[i]
o (p.ej. té o café)	ou	['o]
pero (p.ej. me gusta, ~)	mas	[mas]
para (p.ej. es para ti)	para	['para]

demasiado (adv)	muito, demais	['mwĩtu], [dʒi'majs]
sólo, solamente (adv)	só, somente	[sɔ], [sɔ'mẽtʃi]
exactamente (adv)	exatamente	[ɛzata'mẽtʃi]
unos ..., cerca de ... (~ 10 kg)	cerca de ...	['serka de]

aproximadamente	aproximadamente	[aprosimada'mẽti]
aproximado (adj)	aproximado	[aprosi'madu]
casi (adv)	quase	['kwazi]
resto (m)	resto (m)	['hɛstu]

el otro (adj)	o outro	[u 'otru]
otro (p.ej. el otro día)	outro	['otru]
cada (adj)	cada	['kada]
cualquier (adj)	qualquer	[kwaw'ker]
mucho (innum.)	muito	['mwĩtu]
mucho (num.)	muitos, muitas	['mwĩtos], ['mwĩtas]
muchos (mucha gente)	muitas pessoas	['mwĩtas pe'soas]
todos	todos	['todus]
a cambio de ...	em troca de ...	[ẽ 'trɔka de]
en cambio (adv)	em troca	[ẽ 'trɔka]
a mano (hecho ~)	à mão	[a mãw]
poco probable	pouco provável	['poku pro'vavew]
probablemente	provavelmente	[provavɛw'mẽtʃi]
a propósito (adv)	de propósito	[de pro'pɔzitu]
por accidente (adv)	por acidente	[por asi'dẽtʃi]
muy (adv)	muito	['mwĩtu]
por ejemplo (adv)	por exemplo	[por e'zẽplu]
entre (~ nosotros)	entre	['ẽtri]
entre (~ otras cosas)	entre, no meio de ...	['ẽtri], [nu 'meju de]
tanto (~ gente)	tanto	['tãtu]
especialmente (adv)	especialmente	[ispesjal'mẽte]

Conceptos básicos. Unidad 2

19. Los días de la semana

lunes (m)	segunda-feira (f)	[se'gũda-'fejra]
martes (m)	terça-feira (f)	['tersa 'fejra]
miércoles (m)	quarta-feira (f)	['kwarta-'fejra]
jueves (m)	quinta-feira (f)	['kĩta-'fejra]
viernes (m)	sexta-feira (f)	['sesta-'fejra]
sábado (m)	sábado (m)	['sabadu]
domingo (m)	domingo (m)	[do'mĩgu]

hoy (adv)	hoje	['oʒi]
mañana (adv)	amanhã	[ama'ɲã]
pasado mañana	depois de amanhã	[de'pojs de ama'ɲã]
ayer (adv)	ontem	['õtẽ]
anteayer (adv)	anteontem	[ãtʃi'õtẽ]

día (m)	dia (m)	['dʒia]
día (m) de trabajo	dia (m) de trabalho	['dʒia de tra'baʎu]
día (m) de fiesta	feriado (m)	[fe'rjadu]
día (m) de descanso	dia (m) de folga	['dʒia de 'fɔwga]
fin (m) de semana	fim (m) de semana	[fĩ de se'mana]

todo el día	o dia todo	[u 'dʒia 'todu]
al día siguiente	no dia seguinte	[nu 'dʒia se'gĩtʃi]
dos días atrás	há dois dias	[a 'dojs 'dʒias]
en vísperas (adv)	na véspera	[na 'vɛspera]
diario (adj)	diário	['dʒjarju]
cada día (adv)	todos os dias	['todus us 'dʒias]

semana (f)	semana (f)	[se'mana]
semana (f) pasada	na semana passada	[na se'mana pa'sada]
semana (f) que viene	semana que vem	[se'mana ke vẽj]
semanal (adj)	semanal	[sema'naw]
cada semana (adv)	toda semana	['tɔda se'mana]
2 veces por semana	duas vezes por semana	['duas 'vezis por se'mana]
todos los martes	toda terça-feira	['tɔda tersa 'fejra]

20. Las horas. El día y la noche

mañana (f)	manhã (f)	[ma'ɲã]
por la mañana	de manhã	[de ma'ɲã]
mediodía (m)	meio-dia (m)	['meju 'dʒia]
por la tarde	à tarde	[a 'tardʒi]

noche (f)	tardinha (f)	[tar'dʒiɲa]
por la noche	à tardinha	[a tar'dʒiɲa]

Spanish	Portuguese	Pronunciation
noche (f) (p.ej. 2:00 a.m.)	noite (f)	['nojtʃi]
por la noche	à noite	[a 'nojtʃi]
medianoche (f)	meia-noite (f)	['meja 'nojtʃi]
segundo (m)	segundo (m)	[se'gũdu]
minuto (m)	minuto (m)	[mi'nutu]
hora (f)	hora (f)	['ɔra]
media hora (f)	meia hora (f)	['meja 'ɔra]
cuarto (m) de hora	quarto (m) de hora	['kwartu de 'ɔra]
quince minutos	quinze minutos	['kĩzi mi'nutus]
veinticuatro horas	vinte e quatro horas	['vĩtʃi i 'kwatru 'ɔras]
salida (f) del sol	nascer (m) do sol	[na'ser du sɔw]
amanecer (m)	amanhecer (m)	[amaɲe'ser]
madrugada (f)	madrugada (f)	[madru'gada]
puesta (f) del sol	pôr-do-sol (m)	[por du 'sɔw]
de madrugada	de madrugada	[de madru'gada]
esta mañana	esta manhã	['ɛsta ma'ɲã]
mañana por la mañana	amanhã de manhã	[ama'ɲã de ma'ɲã]
esta tarde	esta tarde	['ɛsta 'tardʒi]
por la tarde	à tarde	[a 'tardʒi]
mañana por la tarde	amanhã à tarde	[ama'ɲã a 'tardʒi]
esta noche (p.ej. 8:00 p.m.)	esta noite, hoje à noite	['ɛsta 'nojtʃi], ['oʒi a 'nojtʃi]
mañana por la noche	amanhã à noite	[ama'ɲã a 'nojtʃi]
a las tres en punto	às três horas em ponto	[as tres 'ɔras ẽ 'põtu]
a eso de las cuatro	por volta das quatro	[por 'vɔwta das 'kwatru]
para las doce	às doze	[as 'dozi]
dentro de veinte minutos	em vinte minutos	[ẽ 'vĩtʃi mi'nutus]
dentro de una hora	em uma hora	[ẽ 'uma 'ɔra]
a tiempo (adv)	a tempo	[a 'tẽpu]
… menos cuarto	… um quarto para	[… ũ 'kwartu 'para]
durante una hora	dentro de uma hora	['dẽtru de 'uma 'ɔra]
cada quince minutos	a cada quinze minutos	[a 'kada 'kĩzi mi'nutus]
día y noche	as vinte e quatro horas	[as 'vĩtʃi i 'kwatru 'ɔras]

21. Los meses. Las estaciones

Spanish	Portuguese	Pronunciation
enero (m)	janeiro (m)	[ʒa'nejru]
febrero (m)	fevereiro (m)	[feve'rejru]
marzo (m)	março (m)	['marsu]
abril (m)	abril (m)	[a'briw]
mayo (m)	maio (m)	['maju]
junio (m)	junho (m)	['ʒuɲu]
julio (m)	julho (m)	['ʒuʎu]
agosto (m)	agosto (m)	[a'gostu]
septiembre (m)	setembro (m)	[se'tẽbru]
octubre (m)	outubro (m)	[o'tubru]

noviembre (m)	novembro (m)	[no'vẽbru]
diciembre (m)	dezembro (m)	[de'zẽbru]
primavera (f)	primavera (f)	[prima'vɛra]
en primavera	na primavera	[na prima'vɛra]
de primavera (adj)	primaveril	[primave'riw]
verano (m)	verão (m)	[ve'rãw]
en verano	no verão	[nu ve'rãw]
de verano (adj)	de verão	[de ve'rãw]
otoño (m)	outono (m)	[o'tɔnu]
en otoño	no outono	[nu o'tɔnu]
de otoño (adj)	outonal	[oto'naw]
invierno (m)	inverno (m)	[ĩ'vɛrnu]
en invierno	no inverno	[nu ĩ'vɛrnu]
de invierno (adj)	de inverno	[de ĩ'vɛrnu]
mes (m)	mês (m)	[mes]
este mes	este mês	['estʃi mes]
al mes siguiente	mês que vem	['mes ki vẽj]
el mes pasado	no mês passado	[no mes pa'sadu]
hace un mes	um mês atrás	[ũ 'mes a'trajs]
dentro de un mes	em um mês	[ẽ ũ mes]
dentro de dos meses	em dois meses	[ẽ dojs 'mezis]
todo el mes	todo o mês	['todu u mes]
todo un mes	um mês inteiro	[ũ mes ĩ'tejru]
mensual (adj)	mensal	[mẽ'saw]
mensualmente (adv)	mensalmente	[mẽsaw'mẽtʃi]
cada mes	todo mês	['todu 'mes]
dos veces por mes	duas vezes por mês	['duas 'vezis por mes]
año (m)	ano (m)	['anu]
este año	este ano	['estʃi 'anu]
el próximo año	ano que vem	['anu ki vẽj]
el año pasado	no ano passado	[nu 'anu pa'sadu]
hace un año	há um ano	[a ũ 'anu]
dentro de un año	em um ano	[ẽ ũ 'anu]
dentro de dos años	dentro de dois anos	['dẽtru de 'dojs 'anus]
todo el año	todo o ano	['todu u 'anu]
todo un año	um ano inteiro	[ũ 'anu ĩ'tejru]
cada año	cada ano	['kada 'anu]
anual (adj)	anual	[a'nwaw]
anualmente (adv)	anualmente	[anwaw'mẽte]
cuatro veces por año	quatro vezes por ano	['kwatru 'vezis por 'anu]
fecha (f) (la ~ de hoy es ...)	data (f)	['data]
fecha (f) (~ de entrega)	data (f)	['data]
calendario (m)	calendário (m)	[kalẽ'darju]
medio año (m)	meio ano	['meju 'anu]
seis meses	seis meses	[sejs 'mezis]

estación (f)	estação (f)	[ista'sãw]
siglo (m)	século (m)	['sɛkulu]

22. Las unidades de medida

peso (m)	peso (m)	['pezu]
longitud (f)	comprimento (m)	[kõpri'mẽtu]
anchura (f)	largura (f)	[lar'gura]
altura (f)	altura (f)	[aw'tura]
profundidad (f)	profundidade (f)	[profũdʒi'dadʒi]
volumen (m)	volume (m)	[vo'lumi]
área (f)	área (f)	['arja]

gramo (m)	grama (m)	['grama]
miligramo (m)	miligrama (m)	[mili'grama]
kilogramo (m)	quilograma (m)	[kilo'grama]
tonelada (f)	tonelada (f)	[tune'lada]
libra (f)	libra (f)	['libra]
onza (f)	onça (f)	['õsa]

metro (m)	metro (m)	['mɛtru]
milímetro (m)	milímetro (m)	[mi'limetru]
centímetro (m)	centímetro (m)	[sẽ'tʃimetru]
kilómetro (m)	quilômetro (m)	[ki'lometru]
milla (f)	milha (f)	['miʎa]

pulgada (f)	polegada (f)	[pole'gada]
pie (m)	pé (m)	[pɛ]
yarda (f)	jarda (f)	['ʒarda]

metro (m) cuadrado	metro (m) quadrado	['mɛtru kwa'dradu]
hectárea (f)	hectare (m)	[ek'tari]

litro (m)	litro (m)	['litru]
grado (m)	grau (m)	[graw]
voltio (m)	volt (m)	['vɔwtʃi]
amperio (m)	ampère (m)	[ã'pɛri]
caballo (m) de fuerza	cavalo (m) de potência	[ka'valu de po'tẽsja]

cantidad (f)	quantidade (f)	[kwãtʃi'dadʒi]
un poco de ...	um pouco de ...	[ũ 'poku de]
mitad (f)	metade (f)	[me'tadʒi]

docena (f)	dúzia (f)	['duzja]
pieza (f)	peça (f)	['pɛsa]

dimensión (f)	tamanho (m), dimensão (f)	[ta'maɲu], [dʒimẽ'sãw]
escala (f) (del mapa)	escala (f)	[is'kala]

mínimo (adj)	mínimo	['minimu]
el más pequeño (adj)	menor, mais pequeno	[me'nɔr], [majs pe'kenu]
medio (adj)	médio	['mɛdʒju]
máximo (adj)	máximo	['masimu]
el más grande (adj)	maior, mais grande	[ma'jɔr], [majs 'grãdʒi]

23. Contenedores

tarro (m) de vidrio	pote (m) de vidro	['pɔtʃi de 'vidru]
lata (f)	lata (f)	['lata]
cubo (m)	balde (m)	['bawdʒi]
barril (m)	barril (m)	[ba'hiw]
palangana (f)	bacia (f)	[ba'sia]
tanque (m)	tanque (m)	['tãki]
petaca (f) (de alcohol)	cantil (m) de bolso	[kã'tʃiw dʒi 'bowsu]
bidón (m) de gasolina	galão (m) de gasolina	[ga'lãw de gazo'lina]
cisterna (f)	cisterna (f)	[sis'tɛrna]
taza (f) (mug de cerámica)	caneca (f)	[ka'nɛka]
taza (f) (~ de café)	xícara (f)	['ʃikara]
platillo (m)	pires (m)	['piris]
vaso (m) (~ de agua)	copo (m)	['kɔpu]
copa (f) (~ de vino)	taça (f) de vinho	['tasa de 'viɲu]
olla (f)	panela (f)	[pa'nɛla]
botella (f)	garrafa (f)	[ga'hafa]
cuello (m) de botella	gargalo (m)	[gar'galu]
garrafa (f)	jarra (f)	['ʒaha]
jarro (m) (~ de agua)	jarro (m)	['ʒahu]
recipiente (m)	recipiente (m)	[hesi'pjẽtʃi]
tarro (m)	pote (m)	['pɔtʃi]
florero (m)	vaso (m)	['vazu]
frasco (m) (~ de perfume)	frasco (m)	['frasku]
frasquito (m)	frasquinho (m)	[fras'kiɲu]
tubo (m)	tubo (m)	['tubu]
saco (m) (~ de azúcar)	saco (m)	['saku]
bolsa (f) (~ plástica)	sacola (f)	[sa'kɔla]
paquete (m) (~ de cigarrillos)	maço (m)	['masu]
caja (f)	caixa (f)	['kaɪʃa]
cajón (m) (~ de madera)	caixote (m)	[kaj'ʃɔtʃi]
cesta (f)	cesto (m)	['sestu]

EL SER HUMANO

El ser humano. El cuerpo

24. La cabeza

cabeza (f)	cabeça (f)	[ka'besa]
cara (f)	rosto, cara (f)	['hostu], ['kara]
nariz (f)	nariz (m)	[na'riz]
boca (f)	boca (f)	['boka]
ojo (m)	olho (m)	['oʎu]
ojos (m pl)	olhos (m pl)	['oʎus]
pupila (f)	pupila (f)	[pu'pila]
ceja (f)	sobrancelha (f)	[sobrã'seʎa]
pestaña (f)	cílio (f)	['silju]
párpado (m)	pálpebra (f)	['pawpebra]
lengua (f)	língua (f)	['lĩgwa]
diente (m)	dente (m)	['dētʃi]
labios (m pl)	lábios (m pl)	['labjus]
pómulos (m pl)	maçãs (f pl) do rosto	[ma'sãs du 'hostu]
encía (f)	gengiva (f)	[ʒē'ʒiva]
paladar (m)	palato (m)	[pa'latu]
ventanas (f pl)	narinas (f pl)	[na'rinas]
mentón (m)	queixo (m)	['kejʃu]
mandíbula (f)	mandíbula (f)	[mã'dʒibula]
mejilla (f)	bochecha (f)	[bo'ʃeʃa]
frente (f)	testa (f)	['tɛsta]
sien (f)	têmpora (f)	['tēpora]
oreja (f)	orelha (f)	[o'reʎa]
nuca (f)	costas (f pl) da cabeça	['kɔstas da ka'besa]
cuello (m)	pescoço (m)	[pes'kosu]
garganta (f)	garganta (f)	[gar'gãta]
pelo, cabello (m)	cabelo (m)	[ka'belu]
peinado (m)	penteado (m)	[pē'tʃjadu]
corte (m) de pelo	corte (m) de cabelo	['kɔrtʃi de ka'belu]
peluca (f)	peruca (f)	[pe'ruka]
bigote (m)	bigode (m)	[bi'gɔdʒi]
barba (f)	barba (f)	['barba]
tener (~ la barba)	ter (vt)	[ter]
trenza (f)	trança (f)	['trãsa]
patillas (f pl)	suíças (f pl)	['swisas]
pelirrojo (adj)	ruivo	['hwivu]
gris, canoso (adj)	grisalho	[gri'zaʎu]

| calvo (adj) | careca | [ka'rɛka] |
| calva (f) | calva (f) | ['kawvu] |

| cola (f) de caballo | rabo-de-cavalo (m) | ['habu-de-ka'valu] |
| flequillo (m) | franja (f) | ['frãʒa] |

25. El cuerpo

| mano (f) | mão (f) | [mãw] |
| brazo (m) | braço (m) | ['brasu] |

dedo (m)	dedo (m)	['dedu]
dedo (m) del pie	dedo (m) do pé	['dedu du pɛ]
dedo (m) pulgar	polegar (m)	[pole'gar]
dedo (m) meñique	dedo (m) mindinho	['dedu mĩ'dʒiɲu]
uña (f)	unha (f)	['uɲa]

puño (m)	punho (m)	['puɲu]
palma (f)	palma (f)	['pawma]
muñeca (f)	pulso (m)	['puwsu]
antebrazo (m)	antebraço (m)	[ãtʃi'brasu]
codo (m)	cotovelo (m)	[koto'velu]
hombro (m)	ombro (m)	['õbru]

pierna (f)	perna (f)	['pɛrna]
planta (f)	pé (m)	[pɛ]
rodilla (f)	joelho (m)	[ʒo'eʎu]
pantorrilla (f)	panturrilha (f)	[pãtu'hiʎa]
cadera (f)	quadril (m)	[kwa'driw]
talón (m)	calcanhar (m)	[kawka'ɲar]

cuerpo (m)	corpo (m)	['korpu]
vientre (m)	barriga (f), ventre (m)	[ba'higa], ['vẽtri]
pecho (m)	peito (m)	['pejtu]
seno (m)	seio (m)	['seju]
lado (m), costado (m)	lado (m)	['ladu]
espalda (f)	costas (f pl)	['kɔstas]
zona (f) lumbar	região (f) lombar	[he'ʒjãw lõ'bar]
cintura (f), talle (m)	cintura (f)	[sĩ'tura]

ombligo (m)	umbigo (m)	[ũ'bigu]
nalgas (f pl)	nádegas (f pl)	['nadegas]
trasero (m)	traseiro (m)	[tra'zejru]

lunar (m)	sinal (m), pinta (f)	[si'naw], ['pĩta]
marca (f) de nacimiento	sinal (m) de nascença	[si'naw de na'sẽsa]
tatuaje (m)	tatuagem (f)	[ta'twaʒẽ]
cicatriz (f)	cicatriz (f)	[sika'triz]

La ropa y los accesorios

26. La ropa exterior. Los abrigos

ropa (f)	roupa (f)	['hopa]
ropa (f) de calle	roupa (f) exterior	['hopa iste'rjor]
ropa (f) de invierno	roupa (f) de inverno	['hopa de ĩ'vɛrnu]
abrigo (m)	sobretudo (m)	[sobri'tudu]
abrigo (m) de piel	casaco (m) de pele	[kaz'aku de 'pɛli]
abrigo (m) corto de piel	jaqueta (f) de pele	[ʒa'keta de 'pɛli]
chaqueta (f) plumón	casaco (m) acolchoado	[ka'zaku akow'ʃwadu]
cazadora (f)	casaco (m), jaqueta (f)	[kaz'aku], [ʒa'keta]
impermeable (m)	impermeável (m)	[ĩper'mjavew]
impermeable (adj)	a prova d'água	[a 'prɔva 'dagwa]

27. Ropa de hombre y mujer

camisa (f)	camisa (f)	[ka'miza]
pantalones (m pl)	calça (f)	['kawsa]
jeans, vaqueros (m pl)	jeans (m)	['dʒins]
chaqueta (f), saco (m)	paletó, terno (m)	[pale'tɔ], ['tɛrnu]
traje (m)	terno (m)	['tɛrnu]
vestido (m)	vestido (m)	[ves'tʃidu]
falda (f)	saia (f)	['saja]
blusa (f)	blusa (f)	['bluza]
rebeca (f), chaqueta (f) de punto	casaco (m) de malha	[ka'zaku de 'maʎa]
chaqueta (f)	casaco, blazer (m)	[ka'zaku], ['blejzer]
camiseta (f) (T-shirt)	camiseta (f)	[kami'zɛta]
pantalones (m pl) cortos	short (m)	['ʃortʃi]
traje (m) deportivo	training (m)	['trejnĩŋ]
bata (f) de baño	roupão (m) de banho	[ho'pãw de 'baɲu]
pijama (m)	pijama (f)	[pi'ʒama]
suéter (m)	suéter (m)	['swɛter]
pulóver (m)	pulôver (m)	[pu'lover]
chaleco (m)	colete (m)	[ko'letʃi]
frac (m)	fraque (m)	['fraki]
esmoquin (m)	smoking (m)	[iz'mokĩs]
uniforme (m)	uniforme (m)	[uni'fɔrmi]
ropa (f) de trabajo	roupa (f) de trabalho	['hopa de tra'baʎu]
mono (m)	macacão (m)	[maka'kãws]
bata (f) (p. ej. ~ blanca)	jaleco (m), bata (f)	[ʒa'lɛku], ['bata]

28. La ropa. La ropa interior

ropa (f) interior	roupa (f) íntima	['hopa 'ītʃima]
bóxer (m)	cueca boxer (f)	['kwɛka 'bɔkser]
bragas (f pl)	calcinha (f)	[kaw'siɲa]
camiseta (f) interior	camiseta (f)	[kami'zɛta]
calcetines (m pl)	meias (f pl)	['mejas]
camisón (m)	camisola (f)	[kami'zɔla]
sostén (m)	sutiã (m)	[su'tʃjã]
calcetines (m pl) altos	meias longas (f pl)	['mejas 'lõgas]
pantimedias (f pl)	meias-calças (f pl)	['mejas 'kalsas]
medias (f pl)	meias (f pl)	['mejas]
traje (m) de baño	maiô (m)	[ma'jo]

29. Gorras

gorro (m)	chapéu (m), touca (f)	[ʃa'pɛw], ['toka]
sombrero (m) de fieltro	chapéu (m) de feltro	[ʃa'pɛw de 'fewtru]
gorra (f) de béisbol	boné (m) de beisebol	[bo'nɛ de bejsi'bɔw]
gorra (f) plana	boina (f)	['bojna]
boina (f)	boina (f) francesa	['bojna frã'seza]
capuchón (m)	capuz (m)	[ka'puz]
panamá (m)	chapéu panamá (m)	[ʃa'pɛw pana'ma]
gorro (m) de punto	touca (f)	['toka]
pañuelo (m)	lenço (m)	['lẽsu]
sombrero (m) de mujer	chapéu (m) feminino	[ʃa'pɛw femi'ninu]
casco (m) (~ protector)	capacete (m)	[kapa'setʃi]
gorro (m) de campaña	bibico (m)	[bi'biko]
casco (m) (~ de moto)	capacete (m)	[kapa'setʃi]
bombín (m)	chapéu-coco (m)	[ʃa'pɛw 'koku]
sombrero (m) de copa	cartola (f)	[kar'tɔla]

30. El calzado

calzado (m)	calçado (m)	[kaw'sadu]
botas (f pl)	botinas (f pl), sapatos (m pl)	[bo'tʃinas], [sapa'tõjs]
zapatos (m pl) (~ de tacón bajo)	sapatos (m pl)	[sa'patus]
botas (f pl) altas	botas (f pl)	['bɔtas]
zapatillas (f pl)	pantufas (f pl)	[pã'tufas]
tenis (m pl)	tênis (m pl)	['tenis]
zapatillas (f pl) de lona	tênis (m pl)	['tenis]
sandalias (f pl)	sandálias (f pl)	[sã'dalias]
zapatero (m)	sapateiro (m)	[sapa'tejru]
tacón (m)	salto (m)	['sawtu]

par (m)	par (m)	[par]
cordón (m)	cadarço (m)	[ka'darsu]
encordonar (vt)	amarrar os cadarços	[ama'har us ka'darsus]
calzador (m)	calçadeira (f)	[kawsa'dejra]
betún (m)	graxa (f) para calçado	['graʃa 'para kaw'sadu]

31. Accesorios personales

guantes (m pl)	luva (f)	['luva]
manoplas (f pl)	mitenes (f pl)	[mi'tɛnes]
bufanda (f)	cachecol (m)	[kaʃe'kɔw]

gafas (f pl)	óculos (m pl)	['ɔkulus]
montura (f)	armação (f)	[arma'sãw]
paraguas (m)	guarda-chuva (m)	['gwarda 'ʃuva]
bastón (m)	bengala (f)	[bẽ'gala]
cepillo (m) de pelo	escova (f) para o cabelo	[is'kova 'para u ka'belu]
abanico (m)	leque (m)	['lɛki]

corbata (f)	gravata (f)	[gra'vata]
pajarita (f)	gravata-borboleta (f)	[gra'vata borbo'leta]
tirantes (m pl)	suspensórios (m pl)	[suspẽ'sɔrjus]
moquero (m)	lenço (m)	['lẽsu]

peine (m)	pente (m)	['pẽtʃi]
pasador (m) de pelo	fivela (f) para cabelo	[fi'vɛla 'para ka'belu]
horquilla (f)	grampo (m)	['grãpu]
hebilla (f)	fivela (f)	[fi'vɛla]

| cinturón (m) | cinto (m) | ['sĩtu] |
| correa (f) (de bolso) | alça (f) de ombro | ['awsa de 'õbru] |

bolsa (f)	bolsa (f)	['bowsa]
bolso (m)	bolsa, carteira (f)	['bowsa], [kar'tejra]
mochila (f)	mochila (f)	[mo'ʃila]

32. La ropa. Miscelánea

moda (f)	moda (f)	['mɔda]
de moda (adj)	na moda	[na 'mɔda]
diseñador (m) de moda	estilista (m)	[istʃi'lista]

cuello (m)	colarinho (m)	[kola'riɲu]
bolsillo (m)	bolso (m)	['bowsu]
de bolsillo (adj)	de bolso	[de 'bowsu]
manga (f)	manga (f)	['mãga]
presilla (f)	ganchinho (m)	[gã'ʃiɲu]
braguetа (f)	bragueta (f)	[bra'gwetʃi]

cremallera (f)	zíper (m)	['ziper]
cierre (m)	colchete (m)	[kow'ʃetʃi]
botón (m)	botão (m)	[bo'tãw]

ojal (m)	botoeira (f)	[bo'twejra]
saltar (un botón)	soltar-se (vr)	[sow'tarsi]
coser (vi, vt)	costurar (vi)	[kostu'rar]
bordar (vt)	bordar (vt)	[bor'dar]
bordado (m)	bordado (m)	[bor'dadu]
aguja (f)	agulha (f)	[a'guʎa]
hilo (m)	fio, linha (f)	['fiu], ['liɲa]
costura (f)	costura (f)	[kos'tura]
ensuciarse (vr)	sujar-se (vr)	[su'ʒarsi]
mancha (f)	mancha (f)	['mãʃa]
arrugarse (vr)	amarrotar-se (vr)	[amaho'tarse]
rasgar (vt)	rasgar (vt)	[haz'gar]
polilla (f)	traça (f)	['trasa]

33. Productos personales. Cosméticos

pasta (f) de dientes	pasta (f) de dente	['pasta de 'dẽtʃi]
cepillo (m) de dientes	escova (f) de dente	[is'kova de 'dẽtʃi]
limpiarse los dientes	escovar os dentes	[isko'var us 'dẽtʃis]
maquinilla (f) de afeitar	gilete (f)	[ʒi'lɛtʃi]
crema (f) de afeitar	creme (m) de barbear	['krɛmi de bar'bjar]
afeitarse (vr)	barbear-se (vr)	[bar'bjarsi]
jabón (m)	sabonete (m)	[sabo'netʃi]
champú (m)	xampu (m)	[ʃã'pu]
tijeras (f pl)	tesoura (f)	[te'zora]
lima (f) de uñas	lixa (f) de unhas	['liʃa de 'uɲas]
cortaúñas (m pl)	corta-unhas (m)	['kɔrta 'uɲas]
pinzas (f pl)	pinça (f)	['pĩsa]
cosméticos (m pl)	cosméticos (m pl)	[koz'mɛtʃikus]
mascarilla (f)	máscara (f)	['maskara]
manicura (f)	manicure (f)	[mani'kuri]
hacer la manicura	fazer as unhas	[fa'zer as 'uɲas]
pedicura (f)	pedicure (f)	[pedi'kure]
bolsa (f) de maquillaje	bolsa (f) de maquiagem	['bowsa de ma'kjaʒẽ]
polvos (m pl)	pó (m)	[pɔ]
polvera (f)	pó (m) compacto	[pɔ kõ'paktu]
colorete (m), rubor (m)	blush (m)	[blaʃ]
perfume (m)	perfume (m)	[per'fumi]
agua (f) de tocador	água-de-colônia (f)	['agwa de ko'lonja]
loción (f)	loção (f)	[lo'sãw]
agua (f) de Colonia	colônia (f)	[ko'lonja]
sombra (f) de ojos	sombra (f) de olhos	['sõbra de 'oʎus]
lápiz (m) de ojos	delineador (m)	[delinja'dor]
rímel (m)	máscara (f), rímel (m)	['maskara], ['himew]
pintalabios (m)	batom (m)	['batõ]

esmalte (m) de uñas	esmalte (m)	[izˈmawtʃi]
fijador (m) para el pelo	laquê (m), spray fixador (m)	[laˈke], [isˈprej fiksaˈdor]
desodorante (m)	desodorante (m)	[dʒizodoˈrãtʃi]
crema (f)	creme (m)	[ˈkrɛmi]
crema (f) de belleza	creme (m) de rosto	[ˈkrɛmi de ˈhostu]
crema (f) de manos	creme (m) de mãos	[ˈkrɛmi de ˈmãws]
crema (f) antiarrugas	creme (m) antirrugas	[ˈkrɛmi ãtʃiˈhugas]
crema (f) de día	creme (m) de dia	[ˈkrɛmi de ˈdʒia]
crema (f) de noche	creme (m) de noite	[ˈkrɛmi de ˈnojtʃi]
de día (adj)	de dia	[de ˈdʒia]
de noche (adj)	da noite	[da ˈnojtʃi]
tampón (m)	absorvente (m) interno	[absorˈvẽtʃi ĩˈtɛrnu]
papel (m) higiénico	papel (m) higiênico	[paˈpɛw iˈʒjeniku]
secador (m) de pelo	secador (m) de cabelo	[sekaˈdor de kaˈbelu]

34. Los relojes

reloj (m)	relógio (m) de pulso	[heˈlɔʒu de ˈpuwsu]
esfera (f)	mostrador (m)	[mostraˈdor]
aguja (f)	ponteiro (m)	[põˈtejru]
pulsera (f)	bracelete (f) em aço	[braseˈletʃi ẽ ˈasu]
correa (f) (del reloj)	bracelete (f) em couro	[braseˈletʃi ẽ ˈkoru]
pila (f)	pilha (f)	[ˈpiʎa]
descargarse (vr)	acabar (vi)	[akaˈbar]
cambiar la pila	trocar a pilha	[troˈkar a ˈpiʎa]
adelantarse (vr)	estar adiantado	[isˈtar adʒjãˈtadu]
retrasarse (vr)	estar atrasado	[isˈtar atraˈzadu]
reloj (m) de pared	relógio (m) de parede	[heˈlɔʒu de paˈredʒi]
reloj (m) de arena	ampulheta (f)	[ãpuˈʎeta]
reloj (m) de sol	relógio (m) de sol	[heˈlɔʒu de sɔw]
despertador (m)	despertador (m)	[dʒispertaˈdor]
relojero (m)	relojoeiro (m)	[heloˈʒwejru]
reparar (vt)	reparar (vt)	[hepaˈrar]

La comida y la nutrición

35. La comida

carne (f)	carne (f)	['karni]
gallina (f)	galinha (f)	[ga'liɲa]
pollo (m)	frango (m)	['frãgu]
pato (m)	pato (m)	['patu]
ganso (m)	ganso (m)	['gãsu]
caza (f) menor	caça (f)	['kasa]
pava (f)	peru (m)	[pe'ru]

carne (f) de cerdo	carne (f) de porco	['karni de 'porku]
carne (f) de ternera	carne (f) de vitela	['karni de vi'tɛla]
carne (f) de carnero	carne (f) de carneiro	['karni de kar'nejru]
carne (f) de vaca	carne (f) de vaca	['karni de 'vaka]
conejo (m)	carne (f) de coelho	['karni de ko'eʎu]

salchichón (m)	linguiça (f), salsichão (m)	[lĩ'gwisa], [sawsi'ʃãw]
salchicha (f)	salsicha (f)	[saw'siʃa]
beicon (m)	bacon (m)	['bejkõ]
jamón (m)	presunto (m)	[pre'zũtu]
jamón (m) fresco	pernil (m) de porco	[per'niw de 'porku]

paté (m)	patê (m)	[pa'te]
hígado (m)	fígado (m)	['figadu]
carne (f) picada	guisado (m)	[gi'zadu]
lengua (f)	língua (f)	['lĩgwa]

huevo (m)	ovo (m)	['ovu]
huevos (m pl)	ovos (m pl)	['ɔvus]
clara (f)	clara (f) de ovo	['klara de 'ovu]
yema (f)	gema (f) de ovo	['ʒɛma de 'ovu]

pescado (m)	peixe (m)	['pejʃi]
mariscos (m pl)	mariscos (m pl)	[ma'riskus]
crustáceos (m pl)	crustáceos (m pl)	[krus'tasjus]
caviar (m)	caviar (m)	[ka'vjar]

cangrejo (m) de mar	caranguejo (m)	[karã'geʒu]
camarón (m)	camarão (m)	[kama'rãw]
ostra (f)	ostra (f)	['ostra]
langosta (f)	lagosta (f)	[la'gosta]
pulpo (m)	polvo (m)	['powvu]
calamar (m)	lula (f)	['lula]

esturión (m)	esturjão (m)	[istur'ʒãw]
salmón (m)	salmão (m)	[saw'mãw]
fletán (m)	halibute (m)	[ali'butʃi]
bacalao (m)	bacalhau (m)	[baka'ʎaw]

37

caballa (f)	cavala, sarda (f)	[ka'vala], ['sarda]
atún (m)	atum (m)	[a'tũ]
anguila (f)	enguia (f)	[ẽ'gia]
trucha (f)	truta (f)	['truta]
sardina (f)	sardinha (f)	[sar'dʒiɲa]
lucio (m)	lúcio (m)	['lusju]
arenque (m)	arenque (m)	[a'rẽki]
pan (m)	pão (m)	[pãw]
queso (m)	queijo (m)	['kejʒu]
azúcar (m)	açúcar (m)	[a'sukar]
sal (f)	sal (m)	[saw]
arroz (m)	arroz (m)	[a'hoz]
macarrones (m pl)	massas (f pl)	['masas]
tallarines (m pl)	talharim, miojo (m)	[taʎa'rĩ], [mi'oʒu]
mantequilla (f)	manteiga (f)	[mã'tejga]
aceite (m) vegetal	óleo (m) vegetal	['ɔlju veʒe'taw]
aceite (m) de girasol	óleo (m) de girassol	['ɔlju de ʒira'sɔw]
margarina (f)	margarina (f)	[marga'rina]
olivas, aceitunas (f pl)	azeitonas (f pl)	[azej'tɔnas]
aceite (m) de oliva	azeite (m)	[a'zejtʃi]
leche (f)	leite (m)	['lejtʃi]
leche (f) condensada	leite (m) condensado	['lejtʃi kõdẽ'sadu]
yogur (m)	iogurte (m)	[jo'gurtʃi]
nata (f) agria	creme azedo (m)	['krɛmi a'zedu]
nata (f) líquida	creme (m) de leite	['krɛmi de 'lejtʃi]
mayonesa (f)	maionese (f)	[majo'nɛzi]
crema (f) de mantequilla	creme (m)	['krɛmi]
cereales (m pl) integrales	grãos (m pl) de cereais	['grãws de se'rjajs]
harina (f)	farinha (f)	[fa'riɲa]
conservas (f pl)	enlatados (m pl)	[ẽla'tadus]
copos (m pl) de maíz	flocos (m pl) de milho	['flɔkus de 'miʎu]
miel (f)	mel (m)	[mɛw]
confitura (f)	geleia (f)	[ʒe'lɛja]
chicle (m)	chiclete (m)	[ʃi'klɛtʃi]

36. Las bebidas

agua (f)	água (f)	['agwa]
agua (f) potable	água (f) potável	['agwa pu'tavɛw]
agua (f) mineral	água (f) mineral	['agwa mine'raw]
sin gas	sem gás	[sẽ gajs]
gaseoso (adj)	gaseificada	[gazejfi'kadu]
con gas	com gás	[kõ gajs]
hielo (m)	gelo (m)	['ʒelu]

con hielo	com gelo	[kõ 'ʒelu]
sin alcohol	não alcoólico	[nãw aw'kɔliku]
bebida (f) sin alcohol	refrigerante (m)	[hefriʒe'rãtʃi]
refresco (m)	refresco (m)	[he'fresku]
limonada (f)	limonada (f)	[limo'nada]
bebidas (f pl) alcohólicas	bebidas (f pl) alcoólicas	[be'bidas aw'kɔlikas]
vino (m)	vinho (m)	['viɲu]
vino (m) blanco	vinho (m) branco	['viɲu 'brãku]
vino (m) tinto	vinho (m) tinto	['viɲu 'tʃĩtu]
licor (m)	licor (m)	[li'kor]
champaña (f)	champanhe (m)	[ʃã'paɲi]
vermú (m)	vermute (m)	[ver'mutʃi]
whisky (m)	uísque (m)	['wiski]
vodka (m)	vodca (f)	['vɔdʒka]
ginebra (f)	gim (m)	[ʒĩ]
coñac (m)	conhaque (m)	[ko'ɲaki]
ron (m)	rum (m)	[hũ]
café (m)	café (m)	[ka'fɛ]
café (m) solo	café (m) preto	[ka'fɛ 'pretu]
café (m) con leche	café (m) com leite	[ka'fɛ kõ 'lejtʃi]
capuchino (m)	cappuccino (m)	[kapu'tʃinu]
café (m) soluble	café (m) solúvel	[ka'fɛ so'luvew]
leche (f)	leite (m)	['lejtʃi]
cóctel (m)	coquetel (m)	[koke'tɛw]
batido (m)	batida (f), milkshake (m)	[ba'tʃida], ['milkʃejk]
zumo (m), jugo (m)	suco (m)	['suku]
jugo (m) de tomate	suco (m) de tomate	['suku de to'matʃi]
zumo (m) de naranja	suco (m) de laranja	['suku de la'rãʒa]
zumo (m) fresco	suco (m) fresco	['suku 'fresku]
cerveza (f)	cerveja (f)	[ser'veʒa]
cerveza (f) rubia	cerveja (f) clara	[ser'veʒa 'klara]
cerveza (f) negra	cerveja (f) preta	[ser'veʒa 'preta]
té (m)	chá (m)	[ʃa]
té (m) negro	chá (m) preto	[ʃa 'pretu]
té (m) verde	chá (m) verde	[ʃa 'verdʒi]

37. Las verduras

legumbres (f pl)	vegetais (m pl)	[veʒe'tajs]
verduras (f pl)	verdura (f)	[ver'dura]
tomate (m)	tomate (m)	[to'matʃi]
pepino (m)	pepino (m)	[pe'pinu]
zanahoria (f)	cenoura (f)	[se'nora]
patata (f)	batata (f)	[ba'tata]
cebolla (f)	cebola (f)	[se'bola]

ajo (m)	alho (m)	['aʎu]
col (f)	couve (f)	['kovi]
coliflor (f)	couve-flor (f)	['kovi 'flɔr]
col (f) de Bruselas	couve-de-bruxelas (f)	['kovi de bru'ʃelas]
brócoli (m)	brócolis (m pl)	['brɔkolis]
remolacha (f)	beterraba (f)	[bete'haba]
berenjena (f)	berinjela (f)	[beri'ʒɛla]
calabacín (m)	abobrinha (f)	[abo'briɲa]
calabaza (f)	abóbora (f)	[a'bɔbora]
nabo (m)	nabo (m)	['nabu]
perejil (m)	salsa (f)	['sawsa]
eneldo (m)	endro, aneto (m)	['ĕdru], [a'netu]
lechuga (f)	alface (f)	[aw'fasi]
apio (m)	aipo (m)	['ajpu]
espárrago (m)	aspargo (m)	[as'pargu]
espinaca (f)	espinafre (m)	[ispi'nafri]
guisante (m)	ervilha (f)	[er'viʎa]
habas (f pl)	feijão (m)	[fej'ʒãw]
maíz (m)	milho (m)	['miʎu]
fréjol (m)	feijão (m) roxo	[fej'ʒãw 'hoʃu]
pimiento (m) dulce	pimentão (m)	[pimĕ'tãw]
rábano (m)	rabanete (m)	[haba'netʃi]
alcachofa (f)	alcachofra (f)	[awka'ʃofra]

38. Las frutas. Las nueces

fruto (m)	fruta (f)	['fruta]
manzana (f)	maçã (f)	[ma'sã]
pera (f)	pera (f)	['pera]
limón (m)	limão (m)	[li'mãw]
naranja (f)	laranja (f)	[la'rãʒa]
fresa (f)	morango (m)	[mo'rãgu]
mandarina (f)	tangerina (f)	[tãʒe'rina]
ciruela (f)	ameixa (f)	[a'mejʃa]
melocotón (m)	pêssego (m)	['pesegu]
albaricoque (m)	damasco (m)	[da'masku]
frambuesa (f)	framboesa (f)	[frãbo'eza]
piña (f)	abacaxi (m)	[abaka'ʃi]
banana (f)	banana (f)	[ba'nana]
sandía (f)	melancia (f)	[melã'sia]
uva (f)	uva (f)	['uva]
guinda (f)	ginja (f)	['ʒĩʒa]
cereza (f)	cereja (f)	[se'reʒa]
melón (m)	melão (m)	[me'lãw]
pomelo (m)	toranja (f)	[to'rãʒa]
aguacate (m)	abacate (m)	[aba'katʃi]
papaya (f)	mamão (m)	[ma'mãw]

mango (m)	manga (f)	['mãga]
granada (f)	romã (f)	['homa]
grosella (f) roja	groselha (f) vermelha	[[gro'zɛʎa ver'meʎa]
grosella (f) negra	groselha (f) negra	[gro'zɛʎa 'negra]
grosella (f) espinosa	groselha (f) espinhosa	[gro'zɛʎa ispi'ɲoza]
arándano (m)	mirtilo (m)	[mih'tʃilu]
zarzamoras (f pl)	amora (f) silvestre	[a'mɔra siw'vɛstri]
pasas (f pl)	passa (f)	['pasa]
higo (m)	figo (m)	['figu]
dátil (m)	tâmara (f)	['tamara]
cacahuete (m)	amendoim (m)	[amẽdo'ĩ]
almendra (f)	amêndoa (f)	[a'mẽdwa]
nuez (f)	noz (f)	[nɔz]
avellana (f)	avelã (f)	[ave'lã]
nuez (f) de coco	coco (m)	['koku]
pistachos (m pl)	pistaches (m pl)	[pis'taʃis]

39. El pan. Los dulces

pasteles (m pl)	pastelaria (f)	[pastela'ria]
pan (m)	pão (m)	[pãw]
galletas (f pl)	biscoito (m), bolacha (f)	[bis'kojtu], [bo'laʃa]
chocolate (m)	chocolate (m)	[ʃoko'latʃi]
de chocolate (adj)	de chocolate	[de ʃoko'latʃi]
caramelo (m)	bala (f)	['bala]
tarta (f) (pequeña)	doce (m), bolo (m) pequeno	['dosi], ['bolu pe'kenu]
tarta (f) (~ de cumpleaños)	bolo (m) de aniversário	['bolu de aniver'sarju]
tarta (f) (~ de manzana)	torta (f)	['tɔrta]
relleno (m)	recheio (m)	[he'ʃeju]
confitura (f)	geleia (m)	[ʒe'lɛja]
mermelada (f)	marmelada (f)	[marme'lada]
gofre (m)	wafers (m pl)	['wafers]
helado (m)	sorvete (m)	[sor'vetʃi]
pudin (m)	pudim (m)	[pu'dʒĩ]

40. Los platos

plato (m)	prato (m)	['pratu]
cocina (f)	cozinha (f)	[ko'ziɲa]
receta (f)	receita (f)	[he'sejta]
porción (f)	porção (f)	[por'sãw]
ensalada (f)	salada (f)	[sa'lada]
sopa (f)	sopa (f)	['sopa]
caldo (m)	caldo (m)	['kawdu]
bocadillo (m)	sanduíche (m)	[sand'wiʃi]

huevos (m pl) fritos	ovos (m pl) fritos	[ˈɔvus ˈfritus]
hamburguesa (f)	hambúrguer (m)	[ãˈburger]
bistec (m)	bife (m)	[ˈbifi]

guarnición (f)	acompanhamento (m)	[akõpaɲaˈmẽtu]
espagueti (m)	espaguete (m)	[ispaˈgeti]
puré (m) de patatas	purê (m) de batata	[puˈre de baˈtata]
pizza (f)	pizza (f)	[ˈpitsa]
gachas (f pl)	mingau (m)	[mĩˈgaw]
tortilla (f) francesa	omelete (f)	[omeˈletʃi]

cocido en agua (adj)	fervido	[ferˈvidu]
ahumado (adj)	defumado	[defuˈmadu]
frito (adj)	frito	[ˈfritu]
seco (adj)	seco	[ˈseku]
congelado (adj)	congelado	[kõʒeˈladu]
marinado (adj)	em conserva	[ẽ kõˈserva]

azucarado, dulce (adj)	doce	[ˈdosi]
salado (adj)	salgado	[sawˈgadu]
frío (adj)	frio	[ˈfriu]
caliente (adj)	quente	[ˈkẽtʃi]
amargo (adj)	amargo	[aˈmargu]
sabroso (adj)	gostoso	[gosˈtozu]

cocer en agua	cozinhar em água fervente	[koziˈɲar ẽ ˈagwa ferˈvẽtʃi]
preparar (la cena)	preparar (vt)	[prepaˈrar]
freír (vt)	fritar (vt)	[friˈtar]
calentar (vt)	aquecer (vt)	[akeˈser]

salar (vt)	salgar (vt)	[sawˈgar]
poner pimienta	apimentar (vt)	[apimẽˈtar]
rallar (vt)	ralar (vt)	[haˈlar]
piel (f)	casca (f)	[ˈkaska]
pelar (vt)	descascar (vt)	[dʒiskasˈkar]

41. Las especias

sal (f)	sal (m)	[saw]
salado (adj)	salgado	[sawˈgadu]
salar (vt)	salgar (vt)	[sawˈgar]

pimienta (f) negra	pimenta-do-reino (f)	[piˈmẽta-du-hejnu]
pimienta (f) roja	pimenta (f) vermelha	[piˈmẽta verˈmeʎa]
mostaza (f)	mostarda (f)	[mosˈtarda]
rábano (m) picante	raiz-forte (f)	[haˈiz fortʃi]

condimento (m)	condimento (m)	[kõdʒiˈmẽtu]
especia (f)	especiaria (f)	[ispesjaˈria]
salsa (f)	molho (m)	[ˈmoʎu]
vinagre (m)	vinagre (m)	[viˈnagri]

anís (m)	anis (m)	[aˈnis]
albahaca (f)	manjericão (m)	[mãʒeriˈkãw]

clavo (m)	cravo (m)	['kravu]
jengibre (m)	gengibre (m)	[ʒẽ'ʒibri]
cilantro (m)	coentro (m)	[ko'ẽtru]
canela (f)	canela (f)	[ka'nɛla]
sésamo (m)	gergelim (m)	[ʒerʒe'lĩ]
hoja (f) de laurel	folha (f) de louro	['foʎaʃ de 'loru]
paprika (f)	páprica (f)	['paprika]
comino (m)	cominho (m)	[ko'miɲu]
azafrán (m)	açafrão (m)	[asa'frãw]

42. Las comidas

comida (f)	comida (f)	[ko'mida]
comer (vi, vt)	comer (vt)	[ko'mer]
desayuno (m)	café (m) da manhã	[ka'fɛ da ma'ɲã]
desayunar (vi)	tomar café da manhã	[to'mar ka'fɛ da ma'ɲã]
almuerzo (m)	almoço (m)	[aw'mosu]
almorzar (vi)	almoçar (vi)	[awmo'sar]
cena (f)	jantar (m)	[ʒã'tar]
cenar (vi)	jantar (vi)	[ʒã'tar]
apetito (m)	apetite (m)	[ape'tʃitʃi]
¡Que aproveche!	Bom apetite!	[bõ ape'tʃitʃi]
abrir (vt)	abrir (vt)	[a'brir]
derramar (líquido)	derramar (vt)	[deha'mar]
derramarse (líquido)	derramar-se (vr)	[deha'marsi]
hervir (vi)	ferver (vi)	[fer'ver]
hervir (vt)	ferver (vt)	[fer'ver]
hervido (agua ~a)	fervido	[fer'vidu]
enfriar (vt)	esfriar (vt)	[is'frjar]
enfriarse (vr)	esfriar-se (vr)	[is'frjarse]
sabor (m)	sabor, gosto (m)	[sa'bor], ['gostu]
regusto (m)	fim (m) de boca	[fĩ de 'boka]
adelgazar (vi)	emagrecer (vi)	[imagre'ser]
dieta (f)	dieta (f)	['dʒjɛta]
vitamina (f)	vitamina (f)	[vita'mina]
caloría (f)	caloria (f)	[kalo'ria]
vegetariano (m)	vegetariano (m)	[veʒeta'rjanu]
vegetariano (adj)	vegetariano	[veʒeta'rjanu]
grasas (f pl)	gorduras (f pl)	[gor'duras]
proteínas (f pl)	proteínas (f pl)	[prote'inas]
carbohidratos (m pl)	carboidratos (m pl)	[karboi'dratus]
loncha (f)	fatia (f)	[fa'tʃia]
pedazo (m)	pedaço (m)	[pe'dasu]
miga (f)	migalha (f), farelo (m)	[mi'gaʎa], [fa'rɛlu]

43. Los cubiertos

cuchara (f)	colher (f)	[ko'ʎer]
cuchillo (m)	faca (f)	['faka]
tenedor (m)	garfo (m)	['garfu]
taza (f)	xícara (f)	['ʃikara]
plato (m)	prato (m)	['pratu]
platillo (m)	pires (m)	['piris]
servilleta (f)	guardanapo (m)	[gwarda'napu]
mondadientes (m)	palito (m)	[pa'litu]

44. El restaurante

restaurante (m)	restaurante (m)	[hestaw'rãtʃi]
cafetería (f)	cafeteria (f)	[kafete'ria]
bar (m)	bar (m), cervejaria (f)	[bar], [serveʒa'ria]
salón (m) de té	salão (m) de chá	[sa'lãw de ʃa]
camarero (m)	garçom (m)	[gar'sõ]
camarera (f)	garçonete (f)	[garso'netʃi]
barman (m)	barman (m)	[bar'mã]
carta (f), menú (m)	cardápio (m)	[kar'dapju]
carta (f) de vinos	lista (f) de vinhos	['lista de 'viɲus]
reservar una mesa	reservar uma mesa	[hezer'var 'uma 'meza]
plato (m)	prato (m)	['pratu]
pedir (vt)	pedir (vt)	[pe'dʒir]
hacer un pedido	fazer o pedido	[fa'zer u pe'dʒidu]
aperitivo (m)	aperitivo (m)	[aperi'tʃivu]
entremés (m)	entrada (f)	[ẽ'trada]
postre (m)	sobremesa (f)	[sobri'meza]
cuenta (f)	conta (f)	['kõta]
pagar la cuenta	pagar a conta	[pa'gar a 'kõta]
dar la vuelta	dar o troco	[dar u 'troku]
propina (f)	gorjeta (f)	[gor'ʒeta]

La familia nuclear, los parientes y los amigos

45. La información personal. Los formularios

nombre (m)	nome (m)	['nɔmi]
apellido (m)	sobrenome (m)	[sobri'nɔmi]
fecha (f) de nacimiento	data (f) de nascimento	['data de nasi'mẽtu]
lugar (m) de nacimiento	local (m) de nascimento	[lo'kaw de nasi'mẽtu]
nacionalidad (f)	nacionalidade (f)	[nasjonali'dadʒi]
domicilio (m)	lugar (m) de residência	[lu'gar de hezi'dẽsja]
país (m)	país (m)	[pa'jis]
profesión (f)	profissão (f)	[profi'sãw]
sexo (m)	sexo (m)	['sɛksu]
estatura (f)	estatura (f)	[ista'tura]
peso (m)	peso (m)	['pezu]

46. Los familiares. Los parientes

madre (f)	mãe (f)	[mãj]
padre (m)	pai (m)	[paj]
hijo (m)	filho (m)	['fiʎu]
hija (f)	filha (f)	['fiʎa]
hija (f) menor	caçula (f)	[ka'sula]
hijo (m) menor	caçula (m)	[ka'sula]
hija (f) mayor	filha (f) mais velha	['fiʎa majs 'vɛʎa]
hijo (m) mayor	filho (m) mais velho	['fiʎu majs 'vɛʎu]
hermano (m)	irmão (m)	[ir'mãw]
hermano (m) mayor	irmão (m) mais velho	[ir'mãw majs 'vɛʎu]
hermano (m) menor	irmão (m) mais novo	[ir'mãw majs 'novu]
hermana (f)	irmã (f)	[ir'mã]
hermana (f) mayor	irmã (f) mais velha	[ir'mã majs 'vɛʎa]
hermana (f) menor	irmã (f) mais nova	[ir'mã majs 'nɔva]
primo (m)	primo (m)	['primu]
prima (f)	prima (f)	['prima]
mamá (f)	mamãe (f)	[ma'mãj]
papá (m)	papai (m)	[pa'paj]
padres (pl)	pais (pl)	['pajs]
niño -a (m, f)	criança (f)	['krjãsa]
niños (pl)	crianças (f pl)	['krjãsas]
abuela (f)	avó (f)	[a'vo]
abuelo (m)	avô (m)	[a'vɔ]
nieto (m)	neto (m)	['nɛtu]

nieta (f)	neta (f)	['nɛta]
nietos (pl)	netos (pl)	['nɛtus]

tío (m)	tio (m)	['tʃiu]
tía (f)	tia (f)	['tʃia]
sobrino (m)	sobrinho (m)	[so'briɲu]
sobrina (f)	sobrinha (f)	[so'briɲa]

suegra (f)	sogra (f)	['sɔgra]
suegro (m)	sogro (m)	['sogru]
yerno (m)	genro (m)	['ʒẽhu]
madrastra (f)	madrasta (f)	[ma'drasta]
padrastro (m)	padrasto (m)	[pa'drastu]

niño (m) de pecho	criança (f) de colo	['krjãsa de 'kɔlu]
bebé (m)	bebê (m)	[be'be]
chico (m)	menino (m)	[me'ninu]

mujer (f)	mulher (f)	[mu'ʎer]
marido (m)	marido (m)	[ma'ridu]
esposo (m)	esposo (m)	[is'pozu]
esposa (f)	esposa (f)	[is'poza]

casado (adj)	casado	[ka'zadu]
casada (adj)	casada	[ka'zada]
soltero (adj)	solteiro	[sow'tejru]
soltero (m)	solteirão (m)	[sowtej'rãw]
divorciado (adj)	divorciado	[dʒivor'sjadu]
viuda (f)	viúva (f)	['vjuva]
viudo (m)	viúvo (m)	['vjuvu]

pariente (m)	parente (m)	[pa'rẽtʃi]
pariente (m) cercano	parente (m) próximo	[pa'rẽtʃi 'prɔsimu]
pariente (m) lejano	parente (m) distante	[pa'rẽtʃi dʒis'tãtʃi]
parientes (pl)	parentes (m pl)	[pa'rẽtʃis]

huérfano (m)	órfão (m)	['ɔrfãw]
huérfana (f)	órfã (f)	['ɔrfã]
tutor (m)	tutor (m)	[tu'tor]
adoptar (un niño)	adotar (vt)	[ado'tar]
adoptar (una niña)	adotar (vt)	[ado'tar]

La medicina

47. Las enfermedades

enfermedad (f)	doença (f)	[do'ẽsa]
estar enfermo	estar doente	[is'tar do'ẽtʃi]
salud (f)	saúde (f)	[sa'udʒi]
resfriado (m) (coriza)	nariz (m) escorrendo	[na'riz isko'hẽdu]
angina (f)	amigdalite (f)	[amigda'litʃi]
resfriado (m)	resfriado (m)	[hes'frjadu]
resfriarse (vr)	ficar resfriado	[fi'kar hes'frjadu]
bronquitis (f)	bronquite (f)	[brõ'kitʃi]
pulmonía (f)	pneumonia (f)	[pnewmo'nia]
gripe (f)	gripe (f)	['gripi]
miope (adj)	míope	['miopi]
présbita (adj)	presbita	[pres'bita]
estrabismo (m)	estrabismo (m)	[istra'bizmu]
estrábico (m) (adj)	estrábico, vesgo	[is'trabiku], ['vezgu]
catarata (f)	catarata (f)	[kata'rata]
glaucoma (m)	glaucoma (m)	[glaw'koma]
insulto (m)	AVC (m), apoplexia (f)	[ave'se], [apople'ksia]
ataque (m) cardiaco	ataque (m) cardíaco	[a'taki kar'dʒiaku]
infarto (m) de miocardio	enfarte (m) do miocárdio	[ẽ'fartʃi du mjo'kardʒiu]
parálisis (f)	paralisia (f)	[parali'zia]
paralizar (vt)	paralisar (vt)	[parali'zar]
alergia (f)	alergia (f)	[aler'ʒia]
asma (f)	asma (f)	['azma]
diabetes (f)	diabetes (f)	[dʒja'bɛtʃis]
dolor (m) de muelas	dor (f) de dente	[dor de 'dẽtʃi]
caries (f)	cárie (f)	['kari]
diarrea (f)	diarreia (f)	[dʒja'hɛja]
estreñimiento (m)	prisão (f) de ventre	[pri'zãw de 'vẽtri]
molestia (f) estomacal	desarranjo (m) intestinal	[dʒiza'hãʒu ĩtestʃi'naw]
envenenamiento (m)	intoxicação (f) alimentar	[ĩtoksika'sãw alimẽ'tar]
envenenarse (vr)	intoxicar-se	[ĩtoksi'karsi]
artritis (f)	artrite (f)	[ar'tritʃi]
raquitismo (m)	raquitismo (m)	[haki'tʃizmu]
reumatismo (m)	reumatismo (m)	[hewma'tʃizmu]
ateroesclerosis (f)	arteriosclerose (f)	[arterjoskle'rɔzi]
gastritis (f)	gastrite (f)	[gas'tritʃi]
apendicitis (f)	apendicite (f)	[apẽdʒi'sitʃi]

colecistitis (f)	colecistite (f)	[kulesi'stʃitʃi]
úlcera (f)	úlcera (f)	['uwsera]

sarampión (m)	sarampo (m)	[sa'rãpu]
rubeola (f)	rubéola (f)	[hu'bɛola]
ictericia (f)	ictericia (f)	[ikte'risja]
hepatitis (f)	hepatite (f)	[epa'tʃitʃi]

esquizofrenia (f)	esquizofrenia (f)	[iskizofre'nia]
rabia (f) (hidrofobia)	raiva (f)	['hajva]
neurosis (f)	neurose (f)	[new'rɔzi]
conmoción (f) cerebral	contusão (f) cerebral	[kõtu'zãw sere'braw]

cáncer (m)	câncer (m)	['kãser]
esclerosis (f)	esclerose (f)	[iskle'rozi]
esclerosis (m) múltiple	esclerose (f) múltipla	[iskle'rozi 'muwtʃipla]

alcoholismo (m)	alcoolismo (m)	[awko'lizmu]
alcohólico (m)	alcoólico (m)	[aw'kɔliku]
sífilis (f)	sífilis (f)	['sifilis]
SIDA (m)	AIDS (f)	['ajdʒs]

tumor (m)	tumor (m)	[tu'mor]
maligno (adj)	maligno	[ma'lignu]
benigno (adj)	benigno	[be'nignu]

fiebre (f)	febre (f)	['fɛbri]
malaria (f)	malária (f)	[ma'larja]
gangrena (f)	gangrena (f)	[gã'grena]
mareo (m)	enjoo (m)	[ẽ'ʒou]
epilepsia (f)	epilepsia (f)	[epile'psia]

epidemia (f)	epidemia (f)	[epide'mia]
tifus (m)	tifo (m)	['tʃifu]
tuberculosis (f)	tuberculose (f)	[tuberku'lɔzi]
cólera (f)	cólera (f)	['kɔlera]
peste (f)	peste (f) bubônica	['pɛstʃi bu'bonika]

48. Los síntomas. Los tratamientos. Unidad 1

síntoma (m)	sintoma (m)	[sĩ'tɔma]
temperatura (f)	temperatura (f)	[tẽpera'tura]
fiebre (f)	febre (f)	['fɛbri]
pulso (m)	pulso (m)	['puwsu]

mareo (m) (vértigo)	vertigem (f)	[ver'tʃiʒẽ]
caliente (adj)	quente	['kẽtʃi]
escalofrío (m)	calafrio (m)	[kala'friu]
pálido (adj)	pálido	['palidu]

tos (f)	tosse (f)	['tɔsi]
toser (vi)	tossir (vi)	[to'sir]
estornudar (vi)	espirrar (vi)	[ispi'har]
desmayo (m)	desmaio (m)	[dʒiz'maju]

desmayarse (vr)	desmaiar (vi)	[dʒizma'jar]
moradura (f)	mancha (f) preta	['mãʃa 'preta]
chichón (m)	galo (m)	['galu]
golpearse (vr)	machucar-se (vr)	[maʃu'karsi]
magulladura (f)	contusão (f)	[kõtu'zãw]
magullarse (vr)	machucar-se (vr)	[maʃu'karsi]
cojear (vi)	mancar (vi)	[mã'kar]
dislocación (f)	deslocamento (f)	[dʒizloka'mẽtu]
dislocar (vt)	deslocar (vt)	[dʒizlo'kar]
fractura (f)	fratura (f)	[fra'tura]
tener una fractura	fraturar (vt)	[fratu'rar]
corte (m) (tajo)	corte (m)	['kɔrtʃi]
cortarse (vr)	cortar-se (vr)	[kor'tarsi]
hemorragia (f)	hemorragia (f)	[emoha'ʒia]
quemadura (f)	queimadura (f)	[kejma'dura]
quemarse (vr)	queimar-se (vr)	[kej'marsi]
pincharse (~ el dedo)	picar (vt)	[pi'kar]
pincharse (vr)	picar-se (vr)	[pi'karsi]
herir (vt)	lesionar (vt)	[lezjo'nar]
herida (f)	lesão (m)	[le'zãw]
lesión (f) (herida)	ferida (f), ferimento (m)	[fe'rida], [feri'mẽtu]
trauma (m)	trauma (m)	['trawma]
delirar (vi)	delirar (vi)	[deli'rar]
tartamudear (vi)	gaguejar (vi)	[gage'ʒar]
insolación (f)	insolação (f)	[insola'sãw]

49. Los síntomas. Los tratamientos. Unidad 2

dolor (m)	dor (f)	[dor]
astilla (f)	farpa (f)	['farpa]
sudor (m)	suor (m)	[swɔr]
sudar (vi)	suar (vi)	[swar]
vómito (m)	vômito (m)	['vomitu]
convulsiones (f pl)	convulsões (f pl)	[kõvuw'sõjs]
embarazada (adj)	grávida	['gravida]
nacer (vi)	nascer (vi)	[na'ser]
parto (m)	parto (m)	['partu]
dar a luz	dar à luz	[dar a luz]
aborto (m)	aborto (m)	[a'bɔrtu]
respiración (f)	respiração (f)	[hespira'sãw]
inspiración (f)	inspiração (f)	[ĩspira'sãw]
espiración (f)	expiração (f)	[ispira'sãw]
espirar (vi)	expirar (vi)	[ispi'rar]
inspirar (vi)	inspirar (vi)	[ĩspi'rar]
inválido (m)	inválido (m)	[ĩ'validu]
mutilado (m)	aleijado (m)	[alej'ʒadu]

drogadicto (m)	drogado (m)	[dro'gadu]
sordo (adj)	surdo	['surdu]
mudo (adj)	mudo	['mudu]
sordomudo (adj)	surdo-mudo	['surdu-'mudu]
loco (adj)	louco, insano	['loku], [ĩ'sanu]
loco (m)	louco (m)	['loku]
loca (f)	louca (f)	['loka]
volverse loco	ficar louco	[fi'kar 'loku]
gen (m)	gene (m)	['ʒɛni]
inmunidad (f)	imunidade (f)	[imuni'daʤi]
hereditario (adj)	hereditário	[ereʤi'tarju]
de nacimiento (adj)	congênito	[kõ'ʒenitu]
virus (m)	vírus (m)	['virus]
microbio (m)	micróbio (m)	[mi'krɔbju]
bacteria (f)	bactéria (f)	[bak'tɛrja]
infección (f)	infecção (f)	[ĩfek'sãw]

50. Los síntomas. Los tratamientos. Unidad 3

hospital (m)	hospital (m)	[ospi'taw]
paciente (m)	paciente (m)	[pa'sjētʃi]
diagnosis (f)	diagnóstico (m)	[ʤjag'nɔstʃiku]
cura (f)	cura (f)	['kura]
tratamiento (m)	tratamento (m) médico	[trata'mẽtu 'mɛʤiku]
curarse (vr)	curar-se (vr)	[ku'rarsi]
tratar (vt)	tratar (vt)	[tra'tar]
cuidar (a un enfermo)	cuidar (vt)	[kwi'dar]
cuidados (m pl)	cuidado (m)	[kwi'dadu]
operación (f)	operação (f)	[opera'sãw]
vendar (vt)	enfaixar (vt)	[ẽfaj'ʃar]
vendaje (m)	enfaixamento (m)	[bã'daʒãj]
vacunación (f)	vacinação (f)	[vasina'sãw]
vacunar (vt)	vacinar (vt)	[vasi'nar]
inyección (f)	injeção (f)	[inʒe'sãw]
aplicar una inyección	dar uma injeção	[dar 'uma inʒe'sãw]
ataque (m)	ataque (m)	[a'taki]
amputación (f)	amputação (f)	[ãputa'sãw]
amputar (vt)	amputar (vt)	[ãpu'tar]
coma (m)	coma (f)	['kɔma]
estar en coma	estar em coma	[is'tar ẽ 'kɔma]
revitalización (f)	reanimação (f)	[hianima'sãw]
recuperarse (vr)	recuperar-se (vr)	[hekupe'rarsi]
estado (m) (de salud)	estado (m)	[i'stadu]
consciencia (f)	consciência (f)	[kõ'sjẽsja]
memoria (f)	memória (f)	[me'mɔrja]
extraer (un diente)	tirar (vt)	[tʃi'rar]

| empaste (m) | obturação (f) | [obitura'sãw] |
| empastar (vt) | obturar (vt) | [obitu'rar] |

| hipnosis (f) | hipnose (f) | [ip'nɔzi] |
| hipnotizar (vt) | hipnotizar (vt) | [ipnotʃi'zar] |

51. Los médicos

médico (m)	médico (m)	['mɛdʒiku]
enfermera (f)	enfermeira (f)	[ẽfer'mejra]
médico (m) personal	médico (m) pessoal	['mɛdʒiku pe'swaw]

dentista (m)	dentista (m)	[dẽ'tʃista]
oftalmólogo (m)	oculista (m)	[oku'lista]
internista (m)	terapeuta (m)	[tera'pewta]
cirujano (m)	cirurgião (m)	[sirur'ʒjãw]

psiquiatra (m)	psiquiatra (m)	[psi'kjatra]
pediatra (m)	pediatra (m)	[pe'dʒjatra]
psicólogo (m)	psicólogo (m)	[psi'kɔlogu]
ginecólogo (m)	ginecologista (m)	[ʒinekolo'ʒista]
cardiólogo (m)	cardiologista (m)	[kardʒjolo'ʒista]

52. La medicina. Las drogas. Los accesorios

medicamento (m), droga (f)	medicamento (m)	[medʒika'mẽtu]
remedio (m)	remédio (m)	[he'mɛdʒju]
prescribir (vt)	receitar (vt)	[hesej'tar]
receta (f)	receita (f)	[he'sejta]

tableta (f)	comprimido (m)	[kõpri'midu]
ungüento (m)	unguento (m)	[ũ'gwẽtu]
ampolla (f)	ampola (f)	[ã'pɔla]
mixtura (f), mezcla (f)	solução, preparado (m)	[solu'sãw], [prepa'radu]
sirope (m)	xarope (m)	[ʃa'rɔpi]
píldora (f)	cápsula (f)	['kapsula]
polvo (m)	pó (m)	[pɔ]

venda (f)	atadura (f)	[ata'dura]
algodón (m) (discos de ~)	algodão (m)	[awgo'dãw]
yodo (m)	iodo (m)	['jodu]

tirita (f), curita (f)	curativo (m) adesivo	[kura'tivu ade'zivu]
pipeta (f)	conta-gotas (m)	['kõta 'gotas]
termómetro (m)	termômetro (m)	[ter'mometru]
jeringa (f)	seringa (f)	[se'rĩga]

| silla (f) de ruedas | cadeira (f) de rodas | [ka'dejra de 'hɔdas] |
| muletas (f pl) | muletas (f pl) | [mu'letas] |

| anestésico (m) | analgésico (m) | [anaw'ʒɛziku] |
| purgante (m) | laxante (m) | [la'ʃãtʃi] |

alcohol (m)	**álcool** (m)	['awkɔw]
hierba (f) medicinal	**ervas** (f pl) **medicinais**	['ɛrvas medʒisi'najs]
de hierbas (té ~)	**de ervas**	[de 'ɛrvas]

EL AMBIENTE HUMANO

La ciudad

53. La ciudad. La vida en la ciudad

ciudad (f)	cidade (f)	[si'dadʒi]
capital (f)	capital (f)	[kapi'taw]
aldea (f)	aldeia (f)	[aw'deja]
plano (m) de la ciudad	mapa (m) da cidade	['mapa da si'dadʒi]
centro (m) de la ciudad	centro (m) da cidade	['sẽtru da si'dadʒi]
suburbio (m)	subúrbio (m)	[su'burbju]
suburbano (adj)	suburbano	[subur'banu]
arrabal (m)	periferia (f)	[perife'ria]
afueras (f pl)	arredores (m pl)	[ahe'dɔris]
barrio (m)	quarteirão (m)	[kwartej'rãw]
zona (f) de viviendas	quarteirão (m) residencial	[kwartej'rãw hezidẽ'sjaw]
tráfico (m)	tráfego (m)	['trafegu]
semáforo (m)	semáforo (m)	[se'maforu]
transporte (m) urbano	transporte (m) público	[trãs'portʃi 'publiku]
cruce (m)	cruzamento (m)	[kruza'mẽtu]
paso (m) de peatones	faixa (f)	['fajʃa]
paso (m) subterráneo	túnel (m)	['tunew]
cruzar (vt)	cruzar, atravessar (vt)	[kru'zar], [atrave'sar]
peatón (m)	pedestre (m)	[pe'dɛstri]
acera (f)	calçada (f)	[kaw'sada]
puente (m)	ponte (f)	['põtʃi]
muelle (m)	margem (f) do rio	['marʒẽ du 'hiu]
fuente (f)	fonte (f)	['fõtʃi]
alameda (f)	alameda (f)	[ala'meda]
parque (m)	parque (m)	['parki]
bulevar (m)	bulevar (m)	[bule'var]
plaza (f)	praça (f)	['prasa]
avenida (f)	avenida (f)	[ave'nida]
calle (f)	rua (f)	['hua]
callejón (m)	travessa (f)	[tra'vɛsa]
callejón (m) sin salida	beco (m) sem saída	['beku sẽ sa'ida]
casa (f)	casa (f)	['kaza]
edificio (m)	edifício, prédio (m)	[edʒi'fisju], ['prɛdʒju]
rascacielos (m)	arranha-céu (m)	[a'haɲa-sɛw]
fachada (f)	fachada (f)	[fa'ʃada]
techo (m)	telhado (m)	[te'ʎadu]

ventana (f)	janela (f)	[ʒaˈnɛla]
arco (m)	arco (m)	[ˈarku]
columna (f)	coluna (f)	[koˈluna]
esquina (f)	esquina (f)	[isˈkina]
escaparate (f)	vitrine (f)	[viˈtrini]
letrero (m) (~ luminoso)	letreiro (m)	[leˈtrejru]
cartel (m)	cartaz (m)	[karˈtaz]
cartel (m) publicitario	cartaz (m) publicitário	[karˈtaz publisiˈtarju]
valla (f) publicitaria	painel (m) publicitário	[pajˈnɛw publisiˈtarju]
basura (f)	lixo (m)	[ˈliʃu]
cajón (m) de basura	lixeira (f)	[liˈʃejra]
tirar basura	jogar lixo na rua	[ʒoˈgar ˈliʃu na ˈhua]
basurero (m)	aterro (m) sanitário	[aˈtehu saniˈtarju]
cabina (f) telefónica	orelhão (m)	[oreˈʎãw]
farola (f)	poste (m) de luz	[ˈpɔstʃi de luz]
banco (m) (del parque)	banco (m)	[ˈbãku]
policía (m)	polícia (m)	[poˈlisja]
policía (f) (~ nacional)	polícia (f)	[poˈlisja]
mendigo (m)	mendigo, pedinte (m)	[mẽˈdʒigu], [peˈdʒĩtʃi]
persona (f) sin hogar	desabrigado (m)	[dʒizabriˈgadu]

54. Las instituciones urbanas

tienda (f)	loja (f)	[ˈlɔʒa]
farmacia (f)	drogaria (f)	[drogaˈria]
óptica (f)	ótica (f)	[ˈɔtʃika]
centro (m) comercial	centro (m) comercial	[ˈsẽtru komerˈsjaw]
supermercado (m)	supermercado (m)	[supermerˈkadu]
panadería (f)	padaria (f)	[padaˈria]
panadero (m)	padeiro (m)	[paˈdejru]
pastelería (f)	pastelaria (f)	[pastelaˈria]
tienda (f) de comestibles	mercearia (f)	[mersjaˈria]
carnicería (f)	açougue (m)	[aˈsogi]
verdulería (f)	fruteira (f)	[fruˈtejra]
mercado (m)	mercado (m)	[merˈkadu]
cafetería (f)	cafeteria (f)	[kafeteˈria]
restaurante (m)	restaurante (m)	[hestawˈrãtʃi]
cervecería (f)	bar (m)	[bar]
pizzería (f)	pizzaria (f)	[pitsaˈria]
peluquería (f)	salão (m) de cabeleireiro	[saˈlãw de kabelejˈrejru]
oficina (f) de correos	agência (f) dos correios	[aˈʒẽsja dus koˈhejus]
tintorería (f)	lavanderia (f)	[lavãdeˈria]
estudio (m) fotográfico	estúdio (m) fotográfico	[isˈtudʒu fotoˈgrafiku]
zapatería (f)	sapataria (f)	[sapataˈria]
librería (f)	livraria (f)	[livraˈria]

tienda (f) deportiva	loja (f) de artigos esportivos	['lɔʒa de ar'tʃigus ispor'tʃivus]
arreglos (m pl) de ropa	costureira (m)	[kostu'rejra]
alquiler (m) de ropa	aluguel (m) de roupa	[alu'gɛw de 'hopa]
videoclub (m)	videolocadora (f)	['vidʒju·loka'dɔra]
circo (m)	circo (m)	['sirku]
zoológico (m)	jardim (m) zoológico	[ʒar'dʒĩ zo'lɔʒiku]
cine (m)	cinema (m)	[si'nɛma]
museo (m)	museu (m)	[mu'zew]
biblioteca (f)	biblioteca (f)	[biblo'tɛka]
teatro (m)	teatro (m)	['tʃatru]
ópera (f)	ópera (f)	['ɔpera]
club (m) nocturno	boate (f)	['bwatʃi]
casino (m)	cassino (m)	[ka'sinu]
mezquita (f)	mesquita (f)	[mes'kita]
sinagoga (f)	sinagoga (f)	[sina'gɔga]
catedral (f)	catedral (f)	[kate'draw]
templo (m)	templo (m)	['tẽplu]
iglesia (f)	igreja (f)	[i'greʒa]
instituto (m)	faculdade (f)	[fakuw'dadʒi]
universidad (f)	universidade (f)	[universi'dadʒi]
escuela (f)	escola (f)	[is'kɔla]
prefectura (f)	prefeitura (f)	[prefej'tura]
alcaldía (f)	câmara (f) municipal	['kamara munisi'paw]
hotel (m)	hotel (m)	[o'tɛw]
banco (m)	banco (m)	['bãku]
embajada (f)	embaixada (f)	[ẽbaj'ʃada]
agencia (f) de viajes	agência (f) de viagens	[a'ʒẽsja de 'vjaʒẽs]
oficina (f) de información	agência (f) de informações	[a'ʒẽsja de ĩforma'sõjs]
oficina (f) de cambio	casa (f) de câmbio	['kaza de 'kãbju]
metro (m)	metrô (m)	[me'tro]
hospital (m)	hospital (m)	[ospi'taw]
gasolinera (f)	posto (m) de gasolina	['postu de gazo'lina]
aparcamiento (m)	parque (m) de estacionamento	['parki de istasjona'mẽtu]

55. Los avisos

letrero (m) (≈ luminoso)	letreiro (m)	[le'trejru]
cartel (m) (texto escrito)	aviso (m)	[a'vizu]
pancarta (f)	pôster (m)	['poster]
señal (m) de dirección	placa (f) de direção	['plaka]
flecha (f) (signo)	seta (f)	['sɛta]
advertencia (f)	aviso (m), advertência (f)	[a'vizu], [adʒiver'tẽsja]
aviso (m)	sinal (m) de aviso	[si'naw de a'vizu]
advertir (vt)	avisar, advertir (vt)	[avi'zar], [adʒiver'tʃir]

día (m) de descanso	dia (m) de folga	['dʒia de 'fɔwga]
horario (m)	horário (m)	[o'rarju]
horario (m) de apertura	horário (m)	[o'rarju]
¡BIENVENIDOS!	BEM-VINDOS!	[bẽj 'vĩdu]
ENTRADA	ENTRADA	[ẽ'trada]
SALIDA	SAÍDA	[sa'ida]
EMPUJAR	EMPURRE	[ẽ'puhe]
TIRAR	PUXE	['puʃe]
ABIERTO	ABERTO	[a'bɛrtu]
CERRADO	FECHADO	[fe'ʃadu]
MUJERES	MULHER	[mu'ʎer]
HOMBRES	HOMEM	['ɔmẽ]
REBAJAS	DESCONTOS	[dʒis'kõtus]
SALDOS	SALDOS, PROMOÇÃO	['sawdus], [promo'sãw]
NOVEDAD	NOVIDADE!	[novi'dadʒi]
GRATIS	GRÁTIS	['gratʃis]
¡ATENCIÓN!	ATENÇÃO!	[atẽ'sãw]
COMPLETO	NÃO HÁ VAGAS	['nãw a 'vagas]
RESERVADO	RESERVADO	[hezer'vadu]
ADMINISTRACIÓN	ADMINISTRAÇÃO	[adʒiministra'sãw]
SÓLO PERSONAL	SOMENTE PESSOAL	[sɔ'mẽtʃi pe'swaw
AUTORIZADO	AUTORIZADO	awtori'zadu]
CUIDADO CON EL PERRO	CUIDADO CÃO FEROZ	[kwi'dadu kãw fe'rɔz]
PROHIBIDO FUMAR	PROIBIDO FUMAR!	[proi'bidu fu'mar]
NO TOCAR	NÃO TOCAR	['nãw to'kar]
PELIGROSO	PERIGOSO	[peri'gozu]
PELIGRO	PERIGO	[pe'rigu]
ALTA TENSIÓN	ALTA TENSÃO	['awta tẽ'sãw]
PROHIBIDO BAÑARSE	PROIBIDO NADAR	[proi'bidu na'dar]
NO FUNCIONA	COM DEFEITO	[kõ de'fejtu]
INFLAMABLE	INFLAMÁVEL	[ĩfla'mavew]
PROHIBIDO	PROIBIDO	[proi'bidu]
PROHIBIDO EL PASO	ENTRADA PROIBIDA	[ẽ'trada proi'bida]
RECIÉN PINTADO	CUIDADO TINTA FRESCA	[kwi'dadu 'tʃĩta 'freska]

56. El transporte urbano

autobús (m)	ônibus (m)	['onibus]
tranvía (m)	bonde (m) elétrico	['bõdʒi e'lɛtriku]
trolebús (m)	trólebus (m)	['trɔlebus]
itinerario (m)	rota (f), itinerário (m)	['hɔta], [itʃine'rarju]
número (m)	número (m)	['numeru]
ir en ...	ir de ...	[ir de]
tomar (~ el autobús)	entrar no ...	[ẽ'trar nu]

bajar (~ del tren)	descer do ...	[de'ser du]
parada (f)	parada (f)	[pa'rada]
próxima parada (f)	próxima parada (f)	['prɔsima pa'rada]
parada (f) final	terminal (m)	[termi'naw]
horario (m)	horário (m)	[o'rarju]
esperar (aguardar)	esperar (vt)	[ispe'rar]
billete (m)	passagem (f)	[pa'saʒẽ]
precio (m) del billete	tarifa (f)	[ta'rifa]
cajero (m)	bilheteiro (m)	[biʎe'tejru]
control (m) de billetes	controle (m) de passagens	[kõ'troli de pa'saʒãjʃ]
revisor (m)	revisor (m)	[hevi'zor]
llegar tarde (vi)	atrasar-se (vr)	[atra'zarsi]
perder (~ el tren)	perder (vt)	[per'der]
tener prisa	estar com pressa	[is'tar kõ 'prɛsa]
taxi (m)	táxi (m)	['taksi]
taxista (m)	taxista (m)	[tak'sista]
en taxi	de táxi	[de 'taksi]
parada (f) de taxi	ponto (m) de táxis	['põtu de 'taksis]
llamar un taxi	chamar um táxi	[ʃa'mar ũ 'taksi]
tomar un taxi	pegar um táxi	[pe'gar ũ 'taksi]
tráfico (m)	tráfego (m)	['trafegu]
atasco (m)	engarrafamento (m)	[ẽgahafa'mẽtu]
horas (f pl) de punta	horas (f pl) de pico	['ɔras de 'piku]
aparcar (vi)	estacionar (vi)	[istasjo'nar]
aparcar (vt)	estacionar (vt)	[istasjo'nar]
aparcamiento (m)	parque (m) de estacionamento	['parki de istasjona'mẽtu]
metro (m)	metrô (m)	[me'tro]
estación (f)	estação (f)	[ista'sãw]
ir en el metro	ir de metrô	[ir de me'tro]
tren (m)	trem (m)	[trẽj]
estación (f)	estação (f) de trem	[ista'sãw de trẽj]

57. El turismo. La excursión

monumento (m)	monumento (m)	[monu'mẽtu]
fortaleza (f)	fortaleza (f)	[forta'leza]
palacio (m)	palácio (m)	[pa'lasju]
castillo (m)	castelo (m)	[kas'tɛlu]
torre (f)	torre (f)	['tohi]
mausoleo (m)	mausoléu (m)	[mawzo'lɛw]
arquitectura (f)	arquitetura (f)	[arkite'tura]
medieval (adj)	medieval	[medʒje'vaw]
antiguo (adj)	antigo	[ã'tʃigu]
nacional (adj)	nacional	[nasjo'naw]
conocido (adj)	famoso	[fa'mozu]
turista (m)	turista (m)	[tu'rista]

guía (m) (persona)	guia (m)	['gia]
excursión (f)	excursão (f)	[iskur'sãw]
mostrar (vt)	mostrar (vt)	[mos'trar]
contar (una historia)	contar (vt)	[kõ'tar]
encontrar (hallar)	encontrar (vt)	[ẽkõ'trar]
perderse (vr)	perder-se (vr)	[per'dersi]
plano (m) (~ de metro)	mapa (m)	['mapa]
mapa (m) (~ de la ciudad)	mapa (m)	['mapa]
recuerdo (m)	lembrança (f), presente (m)	[lẽ'brãsa], [pre'zẽtʃi]
tienda (f) de regalos	loja (f) de presentes	['lɔʒa de pre'zẽtʃis]
hacer fotos	tirar fotos	[tʃi'rar 'fotus]
fotografiarse (vr)	fotografar-se (vr)	[fotogra'farse]

58. Las compras

comprar (vt)	comprar (vt)	[kõ'prar]
compra (f)	compra (f)	['kõpra]
hacer compras	fazer compras	[fa'zer 'kõpras]
compras (f pl)	compras (f pl)	['kõpras]
estar abierto (tienda)	estar aberta	[is'tar a'bɛrta]
estar cerrado	estar fechada	[is'tar fe'ʃada]
calzado (m)	calçado (m)	[kaw'sadu]
ropa (f)	roupa (f)	['hopa]
cosméticos (m pl)	cosméticos (m pl)	[koz'mɛtʃikus]
productos alimenticios	alimentos (m pl)	[ali'mẽtus]
regalo (m)	presente (m)	[pre'zẽtʃi]
vendedor (m)	vendedor (m)	[vẽde'dor]
vendedora (f)	vendedora (f)	[vẽde'dora]
caja (f)	caixa (f)	['kaɪʃa]
espejo (m)	espelho (m)	[is'peʎu]
mostrador (m)	balcão (m)	[baw'kãw]
probador (m)	provador (m)	[prɔva'dor]
probar (un vestido)	provar (vt)	[pro'var]
quedar (una ropa, etc.)	servir (vi)	[ser'vir]
gustar (vi)	gostar (vt)	[gos'tar]
precio (m)	preço (m)	['presu]
etiqueta (f) de precio	etiqueta (f) de preço	[etʃi'keta de 'presu]
costar (vt)	custar (vt)	[kus'tar]
¿Cuánto?	Quanto?	['kwãtu]
descuento (m)	desconto (m)	[dʒis'kõtu]
no costoso (adj)	não caro	['nãw 'karu]
barato (adj)	barato	[ba'ratu]
caro (adj)	caro	['karu]
Es caro	É caro	[ɛ 'karu]
alquiler (m)	aluguel (m)	[alu'gɛw]

alquilar (vt)	alugar (vt)	[alu'gar]
crédito (m)	crédito (m)	['krɛdʒitu]
a crédito (adv)	a crédito	[a 'krɛdʒitu]

59. El dinero

dinero (m)	dinheiro (m)	[dʒi'ɲejru]
cambio (m)	câmbio (m)	['kãbju]
curso (m)	taxa (f) de câmbio	['taʃa de 'kãbju]
cajero (m) automático	caixa (m) eletrônico	['kaɪʃa ele'troniku]
moneda (f)	moeda (f)	['mwɛda]

| dólar (m) | dólar (m) | ['dɔlar] |
| euro (m) | euro (m) | ['ewru] |

lira (f)	lira (f)	['lira]
marco (m) alemán	marco (m)	['marku]
franco (m)	franco (m)	['frãku]
libra esterlina (f)	libra (f) esterlina	['libra ister'linu]
yen (m)	iene (m)	['jɛni]

deuda (f)	dívida (f)	['dʒivida]
deudor (m)	devedor (m)	[deve'dor]
prestar (vt)	emprestar (vt)	[ẽpres'tar]
tomar prestado	pedir emprestado	[pe'dʒir ẽpres'tadu]

banco (m)	banco (m)	['bãku]
cuenta (f)	conta (f)	['kõta]
ingresar (~ en la cuenta)	depositar (vt)	[depozi'tar]
ingresar en la cuenta	depositar na conta	[depozi'tar na 'kõta]
sacar de la cuenta	sacar (vt)	[sa'kar]

tarjeta (f) de crédito	cartão (m) de crédito	[kar'tãw de 'krɛdʒitu]
dinero (m) en efectivo	dinheiro (m) vivo	[dʒi'ɲejru 'vivu]
cheque (m)	cheque (m)	['ʃɛki]
sacar un cheque	passar um cheque	[pa'sar ũ 'ʃɛki]
talonario (m)	talão (m) de cheques	[ta'lãw de 'ʃɛkis]

cartera (f)	carteira (f)	[kar'tejra]
monedero (m)	niqueleira (f)	[nike'lejra]
caja (f) fuerte	cofre (m)	['kɔfri]

heredero (m)	herdeiro (m)	[er'dejru]
herencia (f)	herança (f)	[e'rãsa]
fortuna (f)	fortuna (f)	[for'tuna]

arriendo (m)	arrendamento (m)	[ahẽda'mẽtu]
alquiler (m) (dinero)	aluguel (m)	[alu'gɛw]
alquilar (~ una casa)	alugar (vt)	[alu'gar]

precio (m)	preço (m)	['presu]
coste (m)	custo (m)	['kustu]
suma (f)	soma (f)	['sɔma]
gastar (vt)	gastar (vt)	[gas'tar]

gastos (m pl)	gastos (m pl)	['gastus]
economizar (vi, vt)	economizar (vi)	[ekonomi'zar]
económico (adj)	econômico	[eko'nomiku]
pagar (vi, vt)	pagar (vt)	[pa'gar]
pago (m)	pagamento (m)	[paga'mẽtu]
cambio (m) (devolver el ~)	troco (m)	['troku]
impuesto (m)	imposto (m)	[i'postu]
multa (f)	multa (f)	['muwta]
multar (vt)	multar (vt)	[muw'tar]

60. La oficina de correos

oficina (f) de correos	agência (f) dos correios	[a'ʒẽsja dus ko'hejus]
correo (m) (cartas, etc.)	correio (m)	[ko'heju]
cartero (m)	carteiro (m)	[kar'tejru]
horario (m) de apertura	horário (m)	[o'rarju]
carta (f)	carta (f)	['karta]
carta (f) certificada	carta (f) registada	['karta heʒis'tada]
tarjeta (f) postal	cartão (m) postal	[kar'tãw pos'taw]
telegrama (m)	telegrama (m)	[tele'grama]
paquete (m) postal	encomenda (f)	[ẽko'mẽda]
giro (m) postal	transferência (f) de dinheiro	[trãsfe'rẽsja de dʒi'ɲejru]
recibir (vt)	receber (vt)	[hese'ber]
enviar (vt)	enviar (vt)	[ẽ'vjar]
envío (m)	envio (m)	[ẽ'viu]
dirección (f)	endereço (m)	[ẽde'resu]
código (m) postal	código (m) postal	['kɔdʒigu pos'taw]
expedidor (m)	remetente (m)	[heme'tẽtʃi]
destinatario (m)	destinatário (m)	[destʃina'tarju]
nombre (m)	nome (m)	['nɔmi]
apellido (m)	sobrenome (m)	[sobri'nɔmi]
tarifa (f)	tarifa (f)	[ta'rifa]
ordinario (adj)	ordinário	[ordʒi'narju]
económico (adj)	econômico	[eko'nomiku]
peso (m)	peso (m)	['pezu]
pesar (~ una carta)	pesar (vt)	[pe'zar]
sobre (m)	envelope (m)	[ẽve'lɔpi]
sello (m)	selo (m) postal	['selu pos'taw]
poner un sello	colar o selo	[ko'lar u 'selu]

La vivienda. La casa. El hogar

61. La casa. La electricidad

electricidad (f)	eletricidade (f)	[eletrisi'dadʒi]
bombilla (f)	lâmpada (f)	['lãpada]
interruptor (m)	interruptor (m)	[ĩtehup'tor]
fusible (m)	fusível, disjuntor (m)	[fu'zivew], [dʒisʒũ'tor]
cable, hilo (m)	fio, cabo (m)	['fiu], ['kabu]
instalación (f) eléctrica	instalação (f) elétrica	[ĩstala'sãw e'lɛtrika]
contador (m) de luz	medidor (m) de eletricidade	[medʒi'dor de eletrisi'dadʒi]
lectura (f) (~ del contador)	indicação (f), registro (m)	[indʒika'sãw], [he'ʒistru]

62. La villa. La mansión

casa (f) de campo	casa (f) de campo	['kaza de 'kãpu]
villa (f)	vila (f)	['vila]
ala (f)	ala (f)	['ala]
jardín (m)	jardim (m)	[ʒar'dʒĩ]
parque (m)	parque (m)	['parki]
invernadero (m) tropical	estufa (f)	[is'tufa]
cuidar (~ el jardín, etc.)	cuidar de ...	[kwi'dar de]
piscina (f)	piscina (f)	[pi'sina]
gimnasio (m)	academia (f) de ginástica	[akade'mia de ʒi'nastʃika]
cancha (f) de tenis	quadra (f) de tênis	['kwadra de 'tenis]
sala (f) de cine	cinema (m)	[si'nɛma]
garaje (m)	garagem (f)	[ga'raʒẽ]
propiedad (f) privada	propriedade (f) privada	[proprje'dadʒi pri'vada]
terreno (m) privado	terreno (m) privado	[te'hɛnu pri'vadu]
advertencia (f)	advertência (f)	[adʒiver'tẽsja]
letrero (m) de aviso	sinal (m) de aviso	[si'naw de a'vizu]
seguridad (f)	guarda (f)	['gwarda]
guardia (m) de seguridad	guarda (m)	['gwarda]
alarma (f) antirrobo	alarme (m)	[a'larmi]

63. El apartamento

apartamento (m)	apartamento (m)	[aparta'mẽtu]
habitación (f)	quarto, cômodo (m)	['kwartu], ['komodu]
dormitorio (m)	quarto (m) de dormir	['kwartu de dor'mir]

comedor (m)	sala (f) de jantar	['sala de ʒã'tar]
salón (m)	sala (f) de estar	['sala de is'tar]
despacho (m)	escritório (m)	[iskri'tɔrju]

antecámara (f)	sala (f) de entrada	['sala de ẽ'trada]
cuarto (m) de baño	banheiro (m)	[ba'ɲejru]
servicio (m)	lavabo (m)	[la'vabu]

techo (m)	teto (m)	['tɛtu]
suelo (m)	chão, piso (m)	['ʃãw], ['pizu]
rincón (m)	canto (m)	['kãtu]

64. Los muebles. El interior

muebles (m pl)	mobiliário (m)	[mobi'ljarju]
mesa (f)	mesa (f)	['meza]
silla (f)	cadeira (f)	[ka'dejra]
cama (f)	cama (f)	['kama]

| sofá (m) | sofá, divã (m) | [so'fa], [dʒi'vã] |
| sillón (m) | poltrona (f) | [pow'trɔna] |

| librería (f) | estante (f) | [is'tãtʃi] |
| estante (m) | prateleira (f) | [prate'lejra] |

armario (m)	guarda-roupas (m)	['gwarda 'hopa]
percha (f)	cabide (m) de parede	[ka'bidʒi de pa'redʒi]
perchero (m) de pie	cabideiro (m) de pé	[kabi'dejru de pɛ]

| cómoda (f) | cômoda (f) | ['komoda] |
| mesa (f) de café | mesinha (f) de centro | [me'ziɲa de 'sẽtru] |

espejo (m)	espelho (m)	[is'peʎu]
tapiz (m)	tapete (m)	[ta'petʃi]
alfombra (f)	tapete (m)	[ta'petʃi]

chimenea (f)	lareira (f)	[la'rejra]
vela (f)	vela (f)	['vɛla]
candelero (m)	castiçal (m)	[kastʃi'saw]

cortinas (f pl)	cortinas (f pl)	[kor'tʃinas]
empapelado (m)	papel (m) de parede	[pa'pɛw de pa'redʒi]
estor (m) de láminas	persianas (f pl)	[per'sjanas]

| lámpara (f) de mesa | luminária (f) de mesa | [lumi'narja de 'meza] |
| aplique (m) | luminária (f) de parede | [lumi'narja de pa'redʒi] |

| lámpara (f) de pie | abajur (m) de pé | [aba'ʒur de 'pɛ] |
| lámpara (f) de araña | lustre (m) | ['lustri] |

pata (f) (~ de la mesa)	pé (m)	[pɛ]
brazo (m)	braço, descanso (m)	['brasu], [dʒis'kãsu]
espaldar (m)	costas (f pl)	['kɔstas]
cajón (m)	gaveta (f)	[ga'veta]

65. Los accesorios de cama

ropa (f) de cama	roupa (f) de cama	['hopa de 'kama]
almohada (f)	travesseiro (m)	[trave'sejru]
funda (f)	fronha (f)	['froɲa]
manta (f)	cobertor (m)	[kuber'tor]
sábana (f)	lençol (m)	[lẽ'sɔw]
sobrecama (f)	colcha (f)	['kowʃa]

66. La cocina

cocina (f)	cozinha (f)	[ko'ziɲa]
gas (m)	gás (m)	[gajs]
cocina (f) de gas	fogão (m) a gás	[fo'gãw a gajs]
cocina (f) eléctrica	fogão (m) elétrico	[fo'gãw e'lɛtriku]
horno (m)	forno (m)	['fornu]
horno (m) microondas	forno (m) de micro-ondas	['fornu de mikro'õdas]
frigorífico (m)	geladeira (f)	[ʒela'dejra]
congelador (m)	congelador (m)	[kõʒela'dor]
lavavajillas (m)	máquina (f) de lavar louça	['makina de la'var 'losa]
picadora (f) de carne	moedor (m) de carne	[moe'dor de 'karni]
exprimidor (m)	espremedor (m)	[ispreme'dor]
tostador (m)	torradeira (f)	[toha'dejra]
batidora (f)	batedeira (f)	[bate'dejra]
cafetera (f) (aparato de cocina)	máquina (f) de café	['makina de ka'fɛ]
cafetera (f) (para servir)	cafeteira (f)	[kafe'tejra]
molinillo (m) de café	moedor (m) de café	[moe'dor de ka'fɛ]
hervidor (m) de agua	chaleira (f)	[ʃa'lejra]
tetera (f)	bule (m)	['buli]
tapa (f)	tampa (f)	['tãpa]
colador (m) de té	coador (m) de chá	[koa'dor de ʃa]
cuchara (f)	colher (f)	[ko'ʎer]
cucharilla (f)	colher (f) de chá	[ko'ʎer de ʃa]
cuchara (f) de sopa	colher (f) de sopa	[ko'ʎer de 'sopa]
tenedor (m)	garfo (m)	['garfu]
cuchillo (m)	faca (f)	['faka]
vajilla (f)	louça (f)	['losa]
plato (m)	prato (m)	['pratu]
platillo (m)	pires (m)	['piris]
vaso (m) de chupito	cálice (m)	['kalisi]
vaso (m) (~ de agua)	copo (m)	['kɔpu]
taza (f)	xícara (f)	['ʃikara]
azucarera (f)	açucareiro (m)	[asuka'rejru]
salero (m)	saleiro (m)	[sa'lejru]

pimentero (m)	pimenteiro (m)	[pimẽ'tejru]
mantequera (f)	manteigueira (f)	[mãtej'gejra]
cacerola (f)	panela (f)	[pa'nɛla]
sartén (f)	frigideira (f)	[friʒi'dejra]
cucharón (m)	concha (f)	['kõʃa]
colador (m)	coador (m)	[koa'dor]
bandeja (f)	bandeja (f)	[bã'deʒa]
botella (f)	garrafa (f)	[ga'hafa]
tarro (m) de vidrio	pote (m) de vidro	['potʃi de 'vidru]
lata (f)	lata (f)	['lata]
abrebotellas (m)	abridor (m) de garrafa	[abri'dor de ga'hafa]
abrelatas (m)	abridor (m) de latas	[abri'dor de 'latas]
sacacorchos (m)	saca-rolhas (m)	['saka-'hoʎas]
filtro (m)	filtro (m)	['fiwtru]
filtrar (vt)	filtrar (vt)	[fiw'trar]
basura (f)	lixo (m)	['liʃu]
cubo (m) de basura	lixeira (f)	[li'ʃejra]

67. El baño

cuarto (m) de baño	banheiro (m)	[ba'ɲejru]
agua (f)	água (f)	['agwa]
grifo (m)	torneira (f)	[tor'nejra]
agua (f) caliente	água (f) quente	['agwa 'kẽtʃi]
agua (f) fría	água (f) fria	['agwa 'fria]
pasta (f) de dientes	pasta (f) de dente	['pasta de 'dẽtʃi]
limpiarse los dientes	escovar os dentes	[isko'var us 'dẽtʃis]
cepillo (m) de dientes	escova (f) de dente	[is'kova de 'dẽtʃi]
afeitarse (vr)	barbear-se (vr)	[bar'bjarsi]
espuma (f) de afeitar	espuma (f) de barbear	[is'puma de bar'bjar]
maquinilla (f) de afeitar	gilete (f)	[ʒi'lɛtʃi]
lavar (vt)	lavar (vt)	[la'var]
darse un baño	tomar banho	[to'mar baɲu]
ducha (f)	chuveiro (m), ducha (f)	[ʃu'vejru], ['duʃa]
darse una ducha	tomar uma ducha	[to'mar 'uma 'duʃa]
bañera (f)	banheira (f)	[ba'ɲejra]
inodoro (m)	vaso (m) sanitário	['vazu sani'tarju]
lavabo (m)	pia (f)	['pia]
jabón (m)	sabonete (m)	[sabo'netʃi]
jabonera (f)	saboneteira (f)	[sabone'tejra]
esponja (f)	esponja (f)	[is'põʒa]
champú (m)	xampu (m)	[ʃã'pu]
toalla (f)	toalha (f)	[to'aʎa]
bata (f) de baño	roupão (m) de banho	[ho'pãw de 'baɲu]

colada (f), lavado (m)	lavagem (f)	[la'vaʒẽ]
lavadora (f)	lavadora (f) de roupas	[lava'dora de 'hopas]
lavar la ropa	lavar a roupa	[la'var a 'hopa]
detergente (m) en polvo	detergente (m)	[deter'ʒẽtʃi]

68. Los aparatos domésticos

televisor (m)	televisor (m)	[televi'zor]
magnetófono (m)	gravador (m)	[grava'dor]
vídeo (m)	videogravador (m)	['vidʒju·grava'dor]
radio (m)	rádio (m)	['hadʒju]
reproductor (m) (~ MP3)	leitor (m)	[lej'tor]
proyector (m) de vídeo	projetor (m)	[proʒe'tor]
sistema (m) home cinema	cinema (m) em casa	[si'nɛma ẽ 'kaza]
reproductor (m) de DVD	DVD Player (m)	[deve'de 'plejer]
amplificador (m)	amplificador (m)	[ãplifika'dor]
videoconsola (f)	console (f) de jogos	[kõ'sɔli de 'ʒogus]
cámara (f) de vídeo	câmera (f) de vídeo	['kamera de 'vidʒju]
cámara (f) fotográfica	máquina (f) fotográfica	['makina foto'grafika]
cámara (f) digital	câmera (f) digital	['kamera dʒiʒi'taw]
aspirador (m), aspiradora (f)	aspirador (m)	[aspira'dor]
plancha (f)	ferro (m) de passar	['fɛhu de pa'sar]
tabla (f) de planchar	tábua (f) de passar	['tabwa de pa'sar]
teléfono (m)	telefone (m)	[tele'foni]
teléfono (m) móvil	celular (m)	[selu'lar]
máquina (f) de escribir	máquina (f) de escrever	['makina de iskre'ver]
máquina (f) de coser	máquina (f) de costura	['makina de kos'tura]
micrófono (m)	microfone (m)	[mikro'foni]
auriculares (m pl)	fone (m) de ouvido	['foni de o'vidu]
mando (m) a distancia	controle remoto (m)	[kõ'trɔli he'mɔtu]
CD (m)	CD (m)	['sede]
casete (m)	fita (f) cassete	['fita ka'sɛtʃi]
disco (m) de vinilo	disco (m) de vinil	['dʒisku de vi'niw]

LAS ACTIVIDADES DE LA GENTE

El trabajo. Los negocios. Unidad 1

69. La oficina. El trabajo de oficina

oficina (f)	escritório (m)	[iskri'tɔrju]
despacho (m)	escritório (m)	[iskri'tɔrju]
recepción (f)	recepção (f)	[hesep'sãw]
secretario (m)	secretário (m)	[sekre'tarju]
secretaria (f)	secretária (f)	[sekre'tarja]
director (m)	diretor (m)	[dʒire'tor]
manager (m)	gerente (m)	[ʒe'rẽtʃi]
contable (m)	contador (m)	[kõta'dɔr]
colaborador (m)	empregado (m)	[ẽpre'gadu]
muebles (m pl)	mobiliário (m)	[mobi'ljarju]
escritorio (m)	mesa (f)	['meza]
silla (f)	cadeira (f)	[ka'dejra]
cajonera (f)	gaveteiro (m)	[gave'tejru]
perchero (m) de pie	cabideiro (m) de pé	[kabi'dejru de pɛ]
ordenador (m)	computador (m)	[kõputa'dor]
impresora (f)	impressora (f)	[ĩpre'sora]
fax (m)	fax (m)	[faks]
fotocopiadora (f)	fotocopiadora (f)	[fotokopja'dora]
papel (m)	papel (m)	[pa'pɛw]
papelería (f)	artigos (m pl) de escritório	[ar'tʃigus de iskri'tɔrju]
alfombrilla (f) para ratón	tapete (m) para mouse	[ta'petʃi 'para 'mawz]
hoja (f) de papel	folha (f)	['foʎa]
carpeta (f)	pasta (f)	['pasta]
catálogo (m)	catálogo (m)	[ka'talogu]
directorio (m) telefónico	lista (f) telefônica	['lista tele'fonika]
documentación (f)	documentação (f)	[dokumẽta'sãw]
folleto (m)	brochura (f)	[bro'ʃura]
prospecto (m)	panfleto (m)	[pã'fletu]
muestra (f)	amostra (f)	[a'mɔstra]
reunión (f) de formación	formação (f)	[forma'sãw]
reunión (f)	reunião (f)	[heu'njãw]
pausa (f) del almuerzo	hora (f) de almoço	['ɔra de aw'mosu]
hacer una copia	fazer uma cópia	[fa'zer 'uma 'kɔpja]
hacer copias	tirar cópias	[tʃi'rar 'kɔpjas]
recibir un fax	receber um fax	[hese'ber ũ faks]
enviar un fax	enviar um fax	[ẽ'vjar ũ faks]

llamar por teléfono	fazer uma chamada	[fa'zer 'uma ʃa'mada]
responder (vi, vt)	responder (vt)	[hespõ'der]
poner en comunicación	passar (vt)	[pa'sar]
fijar (~ una reunión)	marcar (vt)	[mar'kar]
demostrar (vt)	demonstrar (vt)	[demõs'trar]
estar ausente	estar ausente	[is'tar aw'zẽtʃi]
ausencia (f)	ausência (f)	[aw'zẽsja]

70. Los procesos de negocio. Unidad 1

negocio (m), comercio (m)	negócio (m)	[ne'gɔsju]
ocupación (f)	ocupação (f)	[okupa'sãw]
firma (f)	firma, empresa (f)	['firma], [ẽ'preza]
compañía (f)	companhia (f)	[kõpa'ɲia]
corporación (f)	corporação (f)	[korpora'sãw]
empresa (f)	empresa (f)	[ẽ'preza]
agencia (f)	agência (f)	[a'ʒẽsja]

acuerdo (m)	acordo (m)	[a'kordu]
contrato (m)	contrato (m)	[kõ'tratu]
trato (m), acuerdo (m)	acordo (m)	[a'kordu]
pedido (m)	pedido (m)	[pe'dʒidu]
condición (f) del contrato	termos (m pl)	['termus]

al por mayor (adv)	por atacado	[por ata'kadu]
al por mayor (adj)	por atacado	[por atak'adu]
venta (f) al por mayor	venda (f) por atacado	['vẽda pur ata'kadu]
al por menor (adj)	a varejo	[a va'reʒu]
venta (f) al por menor	venda (f) a varejo	['vẽda a va'reʒu]

competidor (m)	concorrente (m)	[kõko'hẽtʃi]
competencia (f)	concorrência (f)	[kõko'hẽsja]
competir (vi)	competir (vi)	[kõpe'tʃir]

| socio (m) | sócio (m) | ['sɔsju] |
| sociedad (f) | parceria (f) | [parse'ria] |

crisis (f)	crise (f)	['krizi]
bancarrota (f)	falência (f)	[fa'lẽsja]
ir a la bancarrota	entrar em falência	[ẽ'trar ẽ fa'lẽsja]
dificultad (f)	dificuldade (f)	[dʒifikuw'dadʒi]
problema (m)	problema (m)	[prob'lɛma]
catástrofe (f)	catástrofe (f)	[ka'tastrofi]

economía (f)	economia (f)	[ekono'mia]
económico (adj)	econômico	[eko'nomiku]
recesión (f) económica	recessão (f) econômica	[hesep'sãw eko'nomika]

| meta (f) | objetivo (m) | [obʒe'tʃivu] |
| objetivo (m) | tarefa (f) | [ta'rɛfa] |

| comerciar (vi) | comerciar (vi, vt) | [komer'sjar] |
| red (f) (~ comercial) | rede (f), cadeia (f) | ['hedʒi], [ka'deja] |

| existencias (f pl) | estoque (m) | [is'tɔki] |
| surtido (m) | sortimento (m) | [sortʃi'mẽtu] |

líder (m)	líder (m)	['lider]
grande (empresa ~)	grande	['grãdʒi]
monopolio (m)	monopólio (m)	[mono'pɔlju]

teoría (f)	teoria (f)	[teo'ria]
práctica (f)	prática (f)	['pratʃika]
experiencia (f)	experiência (f)	[ispe'rjẽsja]
tendencia (f)	tendência (f)	[tẽ'dẽsja]
desarrollo (m)	desenvolvimento (m)	[dʒizẽvowvi'mẽtu]

71. Los procesos de negocio. Unidad 2

| rentabilidad (f) | rentabilidade (f) | [hẽtabili'dadʒi] |
| rentable (adj) | rentável | [hẽ'tavew] |

delegación (f)	delegação (f)	[delega'sãw]
salario (m)	salário, ordenado (m)	[sa'larju], [orde'nadu]
corregir (un error)	corrigir (vt)	[kohi'ʒir]
viaje (m) de negocios	viagem (f) de negócios	['vjaʒẽ de ne'gɔsjus]
comisión (f)	comissão (f)	[komi'sãw]

controlar (vt)	controlar (vt)	[kõtro'lar]
conferencia (f)	conferência (f)	[kõfe'rẽsja]
licencia (f)	licença (f)	[li'sẽsa]
fiable (socio ~)	confiável	[kõ'fjavew]

iniciativa (f)	empreendimento (m)	[ẽprjẽdʒi'mẽtu]
norma (f)	norma (f)	['nɔrma]
circunstancia (f)	circunstância (f)	[sirkũ'stãsja]
deber (m)	dever (m)	[de'ver]

empresa (f)	empresa (f)	[ẽ'preza]
organización (f) (proceso)	organização (f)	[organiza'sãw]
organizado (adj)	organizado	[organi'zadu]
anulación (f)	anulação (f)	[anula'sãw]
anular (vt)	anular, cancelar (vt)	[anu'lar], [kãse'lar]
informe (m)	relatório (m)	[hela'tɔrju]

patente (m)	patente (f)	[pa'tẽtʃi]
patentar (vt)	patentear (vt)	[patẽ'tʃjar]
planear (vt)	planejar (vt)	[plane'ʒar]

premio (m)	bônus (m)	['bonus]
profesional (adj)	profissional	[profisjo'naw]
procedimiento (m)	procedimento (m)	[prosedʒi'mẽtu]

examinar (vt)	examinar (vt)	[ezami'nar]
cálculo (m)	cálculo (m)	['kawkulu]
reputación (f)	reputação (f)	[reputa'sãw]
riesgo (m)	risco (m)	['hisku]
dirigir (administrar)	dirigir (vt)	[dʒiri'ʒir]

información (f)	informação (f)	[ĩforma'sãw]
propiedad (f)	propriedade (f)	[proprje'dadʒi]
unión (f)	união (f)	[u'njãw]

seguro (m) de vida	seguro (m) de vida	[se'guru de 'vida]
asegurar (vt)	fazer um seguro	[fa'zer ũ se'guru]
seguro (m)	seguro (m)	[se'guru]

subasta (f)	leilão (m)	[lej'lãw]
notificar (informar)	notificar (vt)	[notʃifi'kar]
gestión (f)	gestão (f)	[ʒes'tãw]
servicio (m)	serviço (m)	[ser'visu]

foro (m)	fórum (m)	['forũ]
funcionar (vi)	funcionar (vi)	[fũsjo'nar]
etapa (f)	estágio (m)	[is'taʒu]
jurídico (servicios ~s)	jurídico, legal	[ʒu'ridʒiku], [le'gaw]
jurista (m)	advogado (m)	[adʒivo'gadu]

72. La producción. Los trabajos

planta (f)	usina (f)	[u'zina]
fábrica (f)	fábrica (f)	['fabrika]
taller (m)	oficina (f)	[ɔfi'sina]
planta (f) de producción	local (m) de produção	[lo'kaw de produ'sãw]

industria (f)	indústria (f)	[ĩ'dustrja]
industrial (adj)	industrial	[ĩdus'trjaw]
industria (f) pesada	indústria (f) pesada	[ĩ'dustrja pe'zada]
industria (f) ligera	indústria (f) ligeira	[ĩ'dustrja li'ʒejra]

producción (f)	produção (f)	[produ'sãw]
producir (vt)	produzir (vt)	[produ'zir]
materias (f pl) primas	matérias-primas (f pl)	[ma'tɛrjas 'primas]

jefe (m) de brigada	chefe (m) de obras	['ʃɛfi de 'ɔbras]
brigada (f)	equipe (f)	[e'kipi]
obrero (m)	operário (m)	[ope'rarju]

día (m) de trabajo	dia (m) de trabalho	['dʒia de tra'baʎu]
descanso (m)	intervalo (m)	[ĩter'valu]
reunión (f)	reunião (f)	[heu'njãw]
discutir (vt)	discutir (vt)	[dʒisku'tʃir]

plan (m)	plano (m)	['planu]
cumplir el plan	cumprir o plano	[kũ'prir u 'planu]
tasa (f) de producción	taxa (f) de produção	['taʃa de produ'sãw]
calidad (f)	qualidade (f)	[kwali'dadʒi]
control (m)	controle (m)	[kõ'troli]
control (m) de calidad	controle (m) da qualidade	[kõ'troli da kwali'dadʒi]

seguridad (f) de trabajo	segurança (f) no trabalho	[segu'rãsa nu tra'baʎu]
disciplina (f)	disciplina (f)	[dʒisi'plina]
infracción (f)	infração (f)	[ĩfra'sãw]

violar (las reglas)	violar (vt)	[vjo'lar]
huelga (f)	greve (f)	['grɛvi]
huelguista (m)	grevista (m)	[gre'vista]
estar en huelga	estar em greve	[is'tar ẽ 'grɛvi]
sindicato (m)	sindicato (m)	[sĩdʒi'katu]
inventar (máquina, etc.)	inventar (vt)	[ĩvẽ'tar]
invención (f)	invenção (f)	[ĩvẽ'sãw]
investigación (f)	pesquisa (f)	[pes'kiza]
mejorar (vt)	melhorar (vt)	[meʎo'rar]
tecnología (f)	tecnologia (f)	[teknolo'ʒia]
dibujo (m) técnico	desenho (m) técnico	[de'zɛɲu 'tɛkniku]
cargamento (m)	carga (f)	['karga]
cargador (m)	carregador (m)	[kahega'dor]
cargar (camión, etc.)	carregar (vt)	[kahe'gar]
carga (f) (proceso)	carregamento (m)	[kahega'mẽtu]
descargar (vt)	descarregar (vt)	[dʒiskahe'gar]
descarga (f)	descarga (f)	[dʒis'karga]
transporte (m)	transporte (m)	[trãs'portʃi]
compañía (f) de transporte	companhia (f) de transporte	[kõpa'ɲia de trãs'portʃi]
transportar (vt)	transportar (vt)	[trãspor'tar]
vagón (m)	vagão (m) de carga	[va'gãw de 'karga]
cisterna (f)	tanque (m)	['tãki]
camión (m)	caminhão (m)	[kami'ɲãw]
máquina (f) herramienta	máquina (f) operatriz	['makina opera'triz]
mecanismo (m)	mecanismo (m)	[meka'nizmu]
desperdicios (m pl)	resíduos (m pl) industriais	[he'zidwus ĩdus'trjajs]
empaquetado (m)	embalagem (f)	[ẽba'laʒẽ]
empaquetar (vt)	embalar (vt)	[ẽba'lar]

73. El contrato. El acuerdo

contrato (m)	contrato (m)	[kõ'tratu]
acuerdo (m)	acordo (m)	[a'kordu]
anexo (m)	anexo (m)	[a'nɛksu]
firmar un contrato	assinar o contrato	[asi'nar u kõ'tratu]
firma (f) (nombre)	assinatura (f)	[asina'tura]
firmar (vt)	assinar (vt)	[asi'nar]
sello (m)	carimbo (m)	[ka'rĩbu]
objeto (m) del acuerdo	objeto (m) do contrato	[ob'ʒɛtu du kõ'tratu]
cláusula (f)	cláusula (f)	['klawzula]
partes (f pl)	partes (f pl)	['partʃis]
domicilio (m) legal	domicílio (m) legal	[domi'silju le'gaw]
violar el contrato	violar o contrato	[vjo'lar u kõ'tratu]
obligación (f)	obrigação (f)	[obriga'sãw]
responsabilidad (f)	responsabilidade (f)	[hespõsabili'dadʒi]

fuerza mayor (f)	força (f) maior	['fɔrsa ma'jɔr]
disputa (f)	litígio (m), disputa (f)	[li'tʃiʒju], [dʒis'puta]
penalidades (f pl)	multas (f pl)	['muwtas]

74. Importación y exportación

importación (f)	importação (f)	[importa'sãw]
importador (m)	importador (m)	[iporta'dor]
importar (vt)	importar (vt)	[ipor'tar]
de importación (adj)	de importação	[de importa'sãw]

exportación (f)	exportação (f)	[isporta'sãw]
exportador (m)	exportador (m)	[isporta'dor]
exportar (vt)	exportar (vt)	[ispor'tar]
de exportación (adj)	de exportação	[de isporta'sãw]

| mercancía (f) | mercadoria (f) | [merkado'ria] |
| lote (m) de mercancías | lote (m) | ['lotʃi] |

peso (m)	peso (m)	['pezu]
volumen (m)	volume (m)	[vo'lumi]
metro (m) cúbico	metro (m) cúbico	['mɛtru 'kubiku]

productor (m)	produtor (m)	[produ'tor]
compañía (f) de transporte	companhia (f) de transporte	[kõpa'ɲia de trãs'pɔrtʃi]
contenedor (m)	contêiner (m)	[kõ'tejner]

frontera (f)	fronteira (f)	[frõ'tejra]
aduana (f)	alfândega (f)	[aw'fãdʒiga]
derechos (m pl) arancelarios	taxa (f) alfandegária	['taʃa awfãde'garja]
aduanero (m)	funcionário (m) da alfândega	[fũsjo'narju da aw'fãdʒiga]
contrabandismo (m)	contrabando (m)	[kõtra'bãdu]
contrabando (m)	contrabando (m)	[kõtra'bãdu]

75. Las finanzas

acción (f)	ação (f)	[a'sãw]
bono (m), obligación (f)	obrigação (f)	[obriga'sãw]
letra (f) de cambio	nota (f) promissória	['nɔta promi'sɔrja]

| bolsa (f) | bolsa (f) de valores | ['bowsa de va'lores] |
| cotización (f) de valores | cotação (m) das ações | [kota'sãw das a'sõjs] |

| abaratarse (vr) | tornar-se mais barato | [tor'narsi majs ba'ratu] |
| encarecerse (vr) | tornar-se mais caro | [tor'narsi majs 'karu] |

parte (f)	parte (f)	['partʃi]
interés (m) mayoritario	participação (f) majoritária	[partʃisipa'sãw maʒori'tarja]
inversiones (f pl)	investimento (m)	[ivestʃi'mẽtu]
invertir (vi, vt)	investir (vt)	[ives'tʃir]
porcentaje (m)	porcentagem (f)	[porsẽ'taʒẽ]
interés (m)	juros (m pl)	['ʒurus]

beneficio (m)	lucro (m)	['lukru]
beneficioso (adj)	lucrativo	[lukra'tʃivu]
impuesto (m)	imposto (m)	[i'postu]

divisa (f)	divisa (f)	[dʒi'viza]
nacional (adj)	nacional	[nasjo'naw]
cambio (m)	câmbio (m)	['kãbju]

contable (m)	contador (m)	[kõta'dɔr]
contaduría (f)	contabilidade (f)	[kõtabili'dadʒi]

bancarrota (f)	falência (f)	[fa'lẽsja]
quiebra (f)	falência, quebra (f)	[fa'lẽsja], ['kɛbra]
ruina (f)	ruína (f)	['hwina]
arruinarse (vr)	estar quebrado	[is'tar ke'bradu]
inflación (f)	inflação (f)	[ĩfla'sãw]
devaluación (f)	desvalorização (f)	[dʒizvaloriza'sãw]

capital (m)	capital (m)	[kapi'taw]
ingresos (m pl)	rendimento (m)	[hẽdʒi'mẽtu]
volumen (m) de negocio	volume (m) de negócios	[vo'lumi de ne'gɔsjus]
recursos (m pl)	recursos (m pl)	[he'kursus]
recursos (m pl) monetarios	recursos (m pl) financeiros	[he'kursus finã'sejrus]
gastos (m pl) accesorios	despesas (f pl) gerais	[dʒis'pezas ʒe'rajs]
reducir (vt)	reduzir (vt)	[hedu'zir]

76. La mercadotecnia

mercadotecnia (f)	marketing (m)	['marketʃĩn]
mercado (m)	mercado (m)	[mer'kadu]
segmento (m) del mercado	segmento (m) do mercado	[sɛg'mẽtu du mer'kadu]
producto (m)	produto (m)	[pru'dutu]
mercancía (f)	mercadoria (f)	[merkado'ria]

marca (f)	marca (f)	['marka]
marca (f) comercial	marca (f) registrada	['marka heʒis'trada]
logotipo (m)	logotipo (m)	[logo'tʃipu]
logo (m)	logo (m)	['lɔgu]

demanda (f)	demanda (f)	[de'mãda]
oferta (f)	oferta (f)	[ɔ'fɛrta]

necesidad (f)	necessidade (f)	[nesesi'dadʒi]
consumidor (m)	consumidor (m)	[kõsumi'dor]

análisis (m)	análise (f)	[a'nalizi]
analizar (vt)	analisar (vt)	[anali'zar]

posicionamiento (m)	posicionamento (m)	[pozisjona'mẽtu]
posicionar (vt)	posicionar (vt)	[pozisjo'nar]

precio (m)	preço (m)	['presu]
política (f) de precios	política (f) de preços	[po'litʃika de 'presus]
formación (f) de precios	formação (f) de preços	[forma'sãw de 'presus]

77. La publicidad

publicidad (f)	publicidade (f)	[publisi'dadʒi]
publicitar (vt)	fazer publicidade	[fa'zer publisi'dadʒi]
presupuesto (m)	orçamento (m)	[orsa'mẽtu]

anuncio (m) publicitario	anúncio (m)	[a'nũsju]
publicidad (f) televisiva	publicidade (f) televisiva	[publisi'dadʒi televi'ziva]
publicidad (f) radiofónica	publicidade (f) na rádio	[publisi'dadʒi na 'hadʒju]
publicidad (f) exterior	publicidade (f) exterior	[publisi'dadʒi iste'rjor]

medios (m pl) de comunicación de masas	comunicação (f) de massa	[komunika'sãw de 'masa]
periódico (m)	periódico (m)	[pe'rjɔdʒiku]
imagen (f)	imagem (f)	[i'maʒẽ]

consigna (f)	slogan (m)	[iz'lɔgã]
divisa (f)	mote (m), lema (f)	['mɔtʃi], ['lɛma]

campaña (f)	campanha (f)	[kã'paɲa]
campaña (f) publicitaria	campanha (f) publicitária	[kã'paɲa publisi'tarja]
auditorio (m) objetivo	grupo (m) alvo	['grupu 'awvu]

tarjeta (f) de visita	cartão (m) de visita	[kar'tãw de vi'zita]
prospecto (m)	panfleto (m)	[pã'fletu]
folleto (m)	brochura (f)	[bro'ʃura]
panfleto (m)	folheto (m)	[fo'ʎetu]
boletín (m)	boletim (m)	[bole'tʃĩ]

letrero (m) (~ luminoso)	letreiro (m)	[le'trejru]
pancarta (f)	pôster (m)	['poster]
valla (f) publicitaria	painel (m) publicitário	[paj'nɛw publisi'tarju]

78. La banca

banco (m)	banco (m)	['bãku]
sucursal (f)	balcão (f)	[baw'kãw]

consultor (m)	consultor (m) bancário	[kõsuw'tor bã'karju]
gerente (m)	gerente (m)	[ʒe'rẽtʃi]

cuenta (f)	conta (f)	['kõta]
numero (m) de la cuenta	número (m) da conta	['numeru da 'kõta]
cuenta (f) corriente	conta (f) corrente	['kõta ko'hẽtʃi]
cuenta (f) de ahorros	conta (f) poupança	['kõta po'pãsa]

abrir una cuenta	abrir uma conta	[a'brir 'uma 'kõta]
cerrar la cuenta	fechar uma conta	[fe'ʃar 'uma 'kõta]
ingresar en la cuenta	depositar na conta	[depozi'tar na 'kõta]
sacar de la cuenta	sacar (vt)	[sa'kar]

depósito (m)	depósito (m)	[de'pɔzitu]
hacer un depósito	fazer um depósito	[fa'zer ũ de'pɔzitu]

giro (m) bancario	transferência (f) bancária	[trãsfe'rẽsja bã'karja]
hacer un giro	transferir (vt)	[trãsfe'rir]

suma (f)	soma (f)	['sɔma]
¿Cuánto?	Quanto?	['kwãtu]

firma (f) (nombre)	assinatura (f)	[asina'tura]
firmar (vt)	assinar (vt)	[asi'nar]

tarjeta (f) de crédito	cartão (m) de crédito	[kar'tãw de 'krɛdʒitu]
código (m)	senha (f)	['sɛɲa]
número (m) de tarjeta de crédito	número (m) do cartão de crédito	['numeru du kar'tãw de 'krɛdʒitu]
cajero (m) automático	caixa (m) eletrônico	['kaɪʃa ele'troniku]

cheque (m)	cheque (m)	['ʃɛki]
sacar un cheque	passar um cheque	[pa'sar ũ 'ʃɛki]
talonario (m)	talão (m) de cheques	[ta'lãw de 'ʃɛkis]

crédito (m)	empréstimo (m)	[ẽ'prɛstʃimu]
pedir el crédito	pedir um empréstimo	[pe'dʒir ũ ẽ'prɛstʃimu]
obtener un crédito	obter empréstimo	[ob'ter ẽ'prɛstʃimu]
conceder un crédito	dar um empréstimo	[dar ũ ẽ'prɛstʃimu]
garantía (f)	garantia (f)	[garã'tʃia]

79. El teléfono. Las conversaciones telefónicas

teléfono (m)	telefone (m)	[tele'foni]
teléfono (m) móvil	celular (m)	[selu'lar]
contestador (m)	secretária (f) eletrônica	[sekre'tarja ele'tronika]

llamar, telefonear	fazer uma chamada	[fa'zer 'uma ʃa'mada]
llamada (f)	chamada (f)	[ʃa'mada]

marcar un número	discar um número	[dʒis'kar ũ 'numeru]
¿Sí?, ¿Dígame?	Alô!	[a'lo]
preguntar (vt)	perguntar (vt)	[pergũ'tar]
responder (vi, vt)	responder (vt)	[hespõ'der]

oír (vt)	ouvir (vt)	[o'vir]
bien (adv)	bem	[bẽj]
mal (adv)	mal	[maw]
ruidos (m pl)	ruído (m)	['hwidu]

auricular (m)	fone (m)	['foni]
descolgar (el teléfono)	pegar o telefone	[pe'gar u tele'foni]
colgar el auricular	desligar (vi)	[dʒizli'gar]

ocupado (adj)	ocupado	[oku'padu]
sonar (teléfono)	tocar (vi)	[to'kar]
guía (f) de teléfonos	lista (f) telefônica	['lista tele'fonika]

local (adj)	local	[lo'kaw]
llamada (f) local	chamada (f) local	[ʃa'mada lo'kaw]

de larga distancia	de longa distância	['de 'lõgu dʒis'tãsja]
llamada (f) de larga distancia	chamada (f) de longa distância	[ʃa'mada de 'lõgu dʒis'tãsja]
internacional (adj)	internacional	[ĩternasjo'naw]
llamada (f) internacional	chamada (f) internacional	[ʃa'mada ĩternasjo'naw]

80. El teléfono celular

teléfono (m) móvil	celular (m)	[selu'lar]
pantalla (f)	tela (f)	['tɛla]
botón (m)	botão (m)	[bo'tãw]
tarjeta SIM (f)	cartão SIM (m)	[kar'tãw sim]

pila (f)	bateria (f)	[bate'ria]
descargarse (vr)	descarregar-se (vr)	[dʒiskahe'garsi]
cargador (m)	carregador (m)	[kahega'dor]

menú (m)	menu (m)	[me'nu]
preferencias (f pl)	configurações (f pl)	[kõfigura'sõjs]
melodía (f)	melodia (f)	[melo'dʒia]
seleccionar (vt)	escolher (vt)	[isko'ʎer]

calculadora (f)	calculadora (f)	[kawkula'dora]
contestador (m)	correio (m) de voz	[ko'heju de vɔz]
despertador (m)	despertador (m)	[dʒisperta'dor]
contactos (m pl)	contatos (m pl)	[kõ'tatus]

| mensaje (m) de texto | mensagem (f) de texto | [mẽ'saʒẽ de 'testu] |
| abonado (m) | assinante (m) | [asi'nãtʃi] |

81. Los artículos de escritorio. La papelería

| bolígrafo (m) | caneta (f) | [ka'neta] |
| pluma (f) estilográfica | caneta (f) tinteiro | [ka'neta tʃi'tejru] |

lápiz (m)	lápis (m)	['lapis]
marcador (m)	marcador (m) de texto	[marka'dor de 'testu]
rotulador (m)	caneta (f) hidrográfica	[ka'neta idro'grafika]

| bloc (m) de notas | bloco (m) de notas | ['blɔku de 'nɔtas] |
| agenda (f) | agenda (f) | [a'ʒẽda] |

regla (f)	régua (f)	['hɛgwa]
calculadora (f)	calculadora (f)	[kawkula'dora]
goma (f) de borrar	borracha (f)	[bo'haʃa]
chincheta (f)	alfinete (m)	[awfi'netʃi]
clip (m)	clipe (m)	['klipi]

cola (f), pegamento (m)	cola (f)	['kɔla]
grapadora (f)	grampeador (m)	[grãpja'dor]
perforador (m)	furador (m) de papel	[fura'dor de pa'pɛw]
sacapuntas (m)	apontador (m)	[apõta'dor]

82. Tipos de negocios

contabilidad (f)	serviços (m pl) de contabilidade	[ser'visus de kõtabili'dadʒi]
publicidad (f)	publicidade (f)	[publisi'dadʒi]
agencia (f) de publicidad	agência (f) de publicidade	[a'ʒẽsja de publisi'dadʒi]
climatizadores (m pl)	ar (m) condicionado	[ar kõdʒisjo'nadu]
compañía (f) aérea	companhia (f) aérea	[kõpa'ɲia a'erja]

bebidas (f pl) alcohólicas	bebidas (f pl) alcoólicas	[be'bidas aw'kɔlikas]
antigüedad (f)	comércio (m) de antiguidades	[ko'mɛrsju de ãtʃigwi'dadʒi]
galería (f) de arte	galeria (f) de arte	[gale'ria de 'artʃi]
servicios (m pl) de auditoría	serviços (m pl) de auditoria	[ser'visus de awdʒito'ria]

negocio (m) bancario	negócios (m pl) bancários	[ne'gɔsjus bã'karjus]
bar (m)	bar (m)	[bar]
salón (m) de belleza	salão (m) de beleza	[sa'lãw de be'leza]
librería (f)	livraria (f)	[livra'ria]
fábrica (f) de cerveza	cervejaria (f)	[serveʒa'ria]
centro (m) de negocios	centro (m) de escritórios	['sẽtru de iskri'tɔrjus]
escuela (f) de negocios	escola (f) de negócios	[is'kɔla de ne'gɔsjus]

casino (m)	cassino (m)	[ka'sinu]
construcción (f)	construção (f)	[kõstru'sãw]
consultoría (f)	consultoria (f)	[kõsuwto'ria]

estomatología (f)	clínica (f) dentária	['klinika dẽ'tarja]
diseño (m)	design (m)	[dʒi'zãjn]
farmacia (f)	drogaria (f)	[droga'ria]
tintorería (f)	lavanderia (f)	[lavãde'ria]
agencia (f) de empleo	agência (f) de emprego	[a'ʒẽsja de ẽ'pregu]

servicios (m pl) financieros	serviços (m pl) financeiros	[ser'visus finã'sejrus]
productos alimenticios	alimentos (m pl)	[ali'mẽtus]
funeraria (f)	casa (f) funerária	['kaza fune'raria]
muebles (m pl)	mobiliário (m)	[mobi'ljarju]
ropa (f)	roupa (f)	['hopa]
hotel (m)	hotel (m)	[o'tɛw]

helado (m)	sorvete (m)	[sor'vetʃi]
industria (f)	indústria (f)	[ĩ'dustrja]
seguro (m)	seguro (m)	[se'guru]
internet (m), red (f)	internet (f)	[ĩter'nɛtʃi]
inversiones (f pl)	investimento (m)	[ĩvestʃi'mẽtu]

joyero (m)	joalheiro (m)	[ʒoa'ʎejru]
joyería (f)	joias (f pl)	['ʒɔjas]
lavandería (f)	lavanderia (f)	[lavãde'ria]
asesoría (f) jurídica	assessorias (f pl) jurídicas	[aseso'rias ʒu'ridʒikas]
industria (f) ligera	indústria (f) ligeira	[ĩ'dustrja li'ʒejra]

revista (f)	revista (f)	[he'vista]
venta (f) por catálogo	vendas (f pl) por catálogo	['vẽdas por ka'talogu]
medicina (f)	medicina (f)	[medʒi'sina]

cine (m) (iremos al ~)	cinema (m)	[si'nɛma]
museo (m)	museu (m)	[mu'zew]
agencia (f) de información	agência (f) de notícias	[a'ʒẽsja de no'tʃisjas]
periódico (m)	jornal (m)	[ʒor'naw]
club (m) nocturno	boate (f)	['bwatʃi]
petróleo (m)	petróleo (m)	[pe'trɔlju]
servicio (m) de entrega	serviços (m pl) de remessa	[ser'visus de he'mɛsa]
industria (f) farmacéutica	indústria (f) farmacêutica	[ĩ'dustrja farma'sewtʃiku]
poligrafía (f)	tipografia (f)	[tʃipogra'fia]
editorial (f)	editora (f)	[edʒi'tora]
radio (f)	rádio (m)	['hadʒju]
inmueble (m)	imobiliário (m)	[imobi'ljarju]
restaurante (m)	restaurante (m)	[hestaw'rãtʃi]
agencia (f) de seguridad	empresa (f) de segurança	[ẽ'preza de segu'rãsa]
deporte (m)	esporte (m)	[is'pɔrtʃi]
bolsa (f) de comercio	bolsa (f) de valores	['bowsa de va'lores]
tienda (f)	loja (f)	['lɔʒa]
supermercado (m)	supermercado (m)	[supermer'kadu]
piscina (f)	piscina (f)	[pi'sina]
taller (m)	alfaiataria (f)	[awfajata'ria]
televisión (f)	televisão (f)	[televi'zãw]
teatro (m)	teatro (m)	['tʃjatru]
comercio (m)	comércio (m)	[ko'mɛrsju]
servicios de transporte	serviços (m pl) de transporte	[ser'visus de trãs'pɔrtʃi]
turismo (m)	viagens (f pl)	['vjaʒẽs]
veterinario (m)	veterinário (m)	[veteri'narju]
almacén (m)	armazém (m)	[arma'zẽj]
recojo (m) de basura	recolha (f) do lixo	[he'koʎa du 'liʃu]

El trabajo. Los negocios. Unidad 2

83. La exhibición. La feria comercial

exposición, feria (f)	feira, exposição (f)	['fejra], [ispozi'sãw]
feria (f) comercial	feira (f) comercial	['fejra komer'sjaw]
participación (f)	participação (f)	[partʃisipa'sãw]
participar (vi)	participar (vi)	[partʃisi'par]
participante (m)	participante (m)	[partʃisi'pãtʃi]
director (m)	diretor (m)	[dʒire'tor]
dirección (f)	direção (f)	[dʒire'sãw]
organizador (m)	organizador (m)	[organiza'dor]
organizar (vt)	organizar (vt)	[organi'zar]
solicitud (f) de participación	ficha (f) de inscrição	['fiʃa de ĩskri'sãw]
rellenar (vt)	preencher (vt)	[preẽ'ʃer]
detalles (m pl)	detalhes (m pl)	[de'taʎis]
información (f)	informação (f)	[ĩforma'sãw]
precio (m)	preço (m)	['presu]
incluso	incluindo	[ĩklw'ĩdu]
incluir (vt)	incluir (vt)	[ĩ'klwir]
pagar (vi, vt)	pagar (vt)	[pa'gar]
cuota (f) de registro	taxa (f) de inscrição	['taʃa de ĩskri'sãw]
entrada (f)	entrada (f)	[ẽ'trada]
pabellón (m)	pavilhão (m), salão (f)	[pavi'ʎãw], [sa'lãw]
registrar (vt)	inscrever (vt)	[ĩskre'ver]
tarjeta (f) de identificación	crachá (m)	[kra'ʃa]
stand (m) de feria	stand (m)	[stɛnd]
reservar (vt)	reservar (vt)	[hezer'var]
vitrina (f)	vitrine (f)	[vi'trini]
lámpara (f)	lâmpada (f)	['lãpada]
diseño (m)	design (m)	[dʒi'zãjn]
poner (colocar)	pôr, colocar (vt)	[por], [kolo'kar]
distribuidor (m)	distribuidor (m)	[dʒistribwi'dor]
proveedor (m)	fornecedor (m)	[fornese'dor]
suministrar (vt)	fornecer (vt)	[forne'ser]
país (m)	país (m)	[pa'jis]
extranjero (adj)	estrangeiro	[istrã'ʒejru]
producto (m)	produto (m)	[pru'dutu]
asociación (f)	associação (f)	[asosja'sãw]
sala (f) de conferencias	sala (f) de conferência	['sala de kõfe'rẽsja]

T&P Books. Vocabulario Español-Portugués Brasilero - 5000 palabras más usadas

| congreso (m) | congresso (m) | [kõ'grɛsu] |
| concurso (m) | concurso (m) | [kõ'kursu] |

visitante (m)	visitante (m)	[vizi'tãtʃi]
visitar (vt)	visitar (vt)	[vizi'tar]
cliente (m)	cliente (m)	['kljẽtʃi]

84. La ciencia. La investigación. Los científicos

ciencia (f)	ciência (f)	['sjẽsja]
científico (adj)	científico	[sjẽ'tʃifiku]
científico (m)	cientista (m)	[sjẽ'tʃista]
teoría (f)	teoria (f)	[teo'ria]

axioma (m)	axioma (m)	[a'sjɔma]
análisis (m)	análise (f)	[a'nalizi]
analizar (vt)	analisar (vt)	[anali'zar]
argumento (m)	argumento (m)	[argu'mẽtu]
sustancia (f) (materia)	substância (f)	[sub'stãsja]

hipótesis (f)	hipótese (f)	[i'pɔtezi]
dilema (m)	dilema (m)	[dʒi'lɛma]
tesis (f) de grado	tese (f)	['tɛzi]
dogma (m)	dogma (m)	['dɔgma]

doctrina (f)	doutrina (f)	[do'trina]
investigación (f)	pesquisa (f)	[pes'kiza]
investigar (vt)	pesquisar (vt)	[peski'zar]
prueba (f)	testes (m pl)	['tɛstʃis]
laboratorio (m)	laboratório (m)	[labora'tɔrju]

método (m)	método (m)	['mɛtodu]
molécula (f)	molécula (f)	[mo'lɛkula]
seguimiento (m)	monitoramento (m)	[monitora'mẽtu]
descubrimiento (m)	descoberta (f)	[dʒisko'bɛrta]

postulado (m)	postulado (m)	[postu'ladu]
principio (m)	princípio (m)	[prĩ'sipju]
pronóstico (m)	prognóstico (m)	[prog'nɔstʃiku]
pronosticar (vt)	prognosticar (vt)	[prognostʃi'kar]

síntesis (f)	síntese (f)	['sĩtezi]
tendencia (f)	tendência (f)	[tẽ'dẽsja]
teorema (m)	teorema (m)	[teo'rɛma]

enseñanzas (f pl)	ensinamentos (m pl)	[ẽsina'mẽtus]
hecho (m)	fato (m)	['fatu]
expedición (f)	expedição (f)	[ispedʒi'sãw]
experimento (m)	experiência (f)	[ispe'rjẽsja]

académico (m)	acadêmico (m)	[aka'dɛmiku]
bachiller (m)	bacharel (m)	[baʃa'rɛw]
doctorado (m)	doutor (m)	[do'tor]
docente (m)	professor (m) associado	[profe'sor aso'sjadu]

Master (m) (~ en Letras)	**mestrado** (m)	[mes'trado]
profesor (m)	**professor** (m)	[profe'sor]

Las profesiones y los oficios

85. La búsqueda de trabajo. El despido

trabajo (m)	trabalho (m)	[tra'baʎu]
empleados (pl)	equipe (f)	[e'kipi]
personal (m)	pessoal (m)	[pe'swaw]
carrera (f)	carreira (f)	[ka'hejra]
perspectiva (f)	perspectivas (f pl)	[perspek'tʃivas]
maestría (f)	habilidades (f pl)	[abili'dadʒis]
selección (f)	seleção (f)	[sele'sãw]
agencia (f) de empleo	agência (f) de emprego	[a'ʒẽsja de ẽ'pregu]
curriculum vitae (m)	currículo (m)	[ku'hikulu]
entrevista (f)	entrevista (f) de emprego	[ẽtre'vista de ẽ'pregu]
vacancia (f)	vaga (f)	['vaga]
salario (m)	salário (m)	[sa'larju]
salario (m) fijo	salário (m) fixo	[sa'larju 'fiksu]
remuneración (f)	pagamento (m)	[paga'mẽtu]
puesto (m) (trabajo)	cargo (m)	['kargu]
deber (m)	dever (m)	[de'ver]
gama (f) de deberes	gama (f) de deveres	['gama de de'veris]
ocupado (adj)	ocupado	[oku'padu]
despedir (vt)	despedir, demitir (vt)	[dʒispe'dʒir], [demi'tʃir]
despido (m)	demissão (f)	[demi'sãw]
desempleo (m)	desemprego (m)	[dʒizẽ'pregu]
desempleado (m)	desempregado (m)	[dʒizẽpre'gadu]
jubilación (f)	aposentadoria (f)	[apozẽtado'ria]
jubilarse	aposentar-se (vr)	[apozẽ'tarsi]

86. Los negociantes

director (m)	diretor (m)	[dʒire'tor]
gerente (m)	gerente (m)	[ʒe'rẽtʃi]
jefe (m)	patrão, chefe (m)	[pa'trãw], ['ʃɛfi]
superior (m)	superior (m)	[supe'rjor]
superiores (m pl)	superiores (m pl)	[supe'rjores]
presidente (m)	presidente (m)	[prezi'dẽtʃi]
presidente (m) (de compañía)	chairman, presidente (m)	['tʃɛamen], [prezi'dẽtʃi]
adjunto (m)	substituto (m)	[substi'tutu]
asistente (m)	assistente (m)	[asis'tẽtʃi]

secretario, -a (m, f)	secretário (m)	[sekre'tarju]
secretario (m) particular	secretário (m) pessoal	[sekre'tarju pe'swaw]
hombre (m) de negocios	homem (m) de negócios	['ɔmẽ de ne'gɔsjus]
emprendedor (m)	empreendedor (m)	[ĕprjĕde'dor]
fundador (m)	fundador (m)	[fũda'dor]
fundar (vt)	fundar (vt)	[fũ'dar]
institutor (m)	principiador (m)	[prĩsipja'dor]
socio (m)	parceiro, sócio (m)	[par'sejru], ['sɔsju]
accionista (m)	acionista (m)	[asjo'nista]
millonario (m)	milionário (m)	[miljo'narju]
multimillonario (m)	bilionário (m)	[biljo'narju]
propietario (m)	proprietário (m)	[proprje'tarju]
terrateniente (m)	proprietário (m) de terras	[proprje'tarju de 'tɛhas]
cliente (m)	cliente (m)	['kljĕtʃi]
cliente (m) habitual	cliente (m) habitual	['kljĕtʃi abi'twaw]
comprador (m)	comprador (m)	[kõpra'dor]
visitante (m)	visitante (m)	[vizi'tãtʃi]
profesional (m)	profissional (m)	[profisjo'naw]
experto (m)	perito (m)	[pe'ritu]
especialista (m)	especialista (m)	[ispesja'lista]
banquero (m)	banqueiro (m)	[bã'kejru]
broker (m)	corretor (m)	[kohe'tor]
cajero (m)	caixa (m, f)	['kaɪʃa]
contable (m)	contador (m)	[kõta'dɔr]
guardia (m) de seguridad	guarda (m)	['gwarda]
inversionista (m)	investidor (m)	[ĩvestʃi'dor]
deudor (m)	devedor (m)	[deve'dor]
acreedor (m)	credor (m)	[kre'dor]
prestatario (m)	mutuário (m)	[mu'twarju]
importador (m)	importador (m)	[ĩporta'dor]
exportador (m)	exportador (m)	[isporta'dor]
productor (m)	produtor (m)	[produ'tor]
distribuidor (m)	distribuidor (m)	[dʒistribwi'dor]
intermediario (m)	intermediário (m)	[ĩterme'dʒjarju]
asesor (m) (~ fiscal)	consultor (m)	[kõsuw'tor]
representante (m)	representante (m) comercial	[heprezẽ'tãtʃi komer'sjaw]
agente (m)	agente (m)	[a'ʒẽtʃi]
agente (m) de seguros	agente (m) de seguros	[a'ʒẽtʃi de se'gurus]

87. Los trabajos de servicio

cocinero (m)	cozinheiro (m)	[kozi'ɲejru]
jefe (m) de cocina	chefe (m) de cozinha	['ʃɛfi de ko'ziɲa]

panadero (m)	padeiro (m)	[pa'dejru]
barman (m)	barman (m)	[bar'mã]
camarero (m)	garçom (m)	[gar'sõ]
camarera (f)	garçonete (f)	[garso'netʃi]

abogado (m)	advogado (m)	[adʒivo'gadu]
jurista (m)	jurista (m)	[ʒu'rista]
notario (m)	notário (m)	[no'tarju]

electricista (m)	eletricista (m)	[eletri'sista]
fontanero (m)	encanador (m)	[ẽkana'dor]
carpintero (m)	carpinteiro (m)	[karpĩ'tejru]

masajista (m)	massagista (m)	[masa'ʒista]
masajista (f)	massagista (f)	[masa'ʒista]
médico (m)	médico (m)	['mɛdʒiku]

taxista (m)	taxista (m)	[tak'sista]
chofer (m)	condutor, motorista (m)	[kõdu'tor], [moto'rista]
repartidor (m)	entregador (m)	[ẽtrega'dor]

camarera (f)	camareira (f)	[kama'rejra]
guardia (m) de seguridad	guarda (m)	['gwarda]
azafata (f)	aeromoça (f)	[aero'mosa]

profesor (m) (~ de baile, etc.)	professor (m)	[profe'sor]
bibliotecario (m)	bibliotecário (m)	[bibljote'karju]
traductor (m)	tradutor (m)	[tradu'tor]
intérprete (m)	intérprete (m)	[ĩ'tɛrpretʃi]
guía (m)	guia (m)	['gia]

peluquero (m)	cabeleireiro (m)	[kabelej'rejru]
cartero (m)	carteiro (m)	[kar'tejru]
vendedor (m)	vendedor (m)	[vẽde'dor]

jardinero (m)	jardineiro (m)	[ʒardʒi'nejru]
servidor (m)	criado (m)	['krjadu]
criada (f)	criada (f)	['krjada]
mujer (f) de la limpieza	empregada (f) de limpeza	[ẽpre'gada de lĩ'peza]

88. La profesión militar y los rangos

soldado (m) raso	soldado (m) raso	[sow'dadu 'hazu]
sargento (m)	sargento (m)	[sar'ʒẽtu]
teniente (m)	tenente (m)	[te'nẽtʃi]
capitán (m)	capitão (m)	[kapi'tãw]

mayor (m)	major (m)	[ma'ʒɔr]
coronel (m)	coronel (m)	[koro'nɛw]
general (m)	general (m)	[ʒene'raw]
mariscal (m)	marechal (m)	[mare'ʃaw]
almirante (m)	almirante (m)	[awmi'rãtʃi]
militar (m)	militar (m)	[mili'tar]
soldado (m)	soldado (m)	[sow'dadu]

oficial (m)	oficial (m)	[ofi'sjaw]
comandante (m)	comandante (m)	[komã'dãtʃi]

guardafronteras (m)	guarda (m) de fronteira	['gwarda de frõ'tejra]
radio-operador (m)	operador (m) de rádio	[opera'dor de 'hadʒju]
explorador (m)	explorador (m)	[isplora'dor]
zapador (m)	sapador-mineiro (m)	[sapa'dor-mi'nejru]
tirador (m)	atirador (m)	[atʃira'dor]
navegador (m)	navegador (m)	[navega'dor]

89. Los oficiales. Los sacerdotes

rey (m)	rei (m)	[hej]
reina (f)	rainha (f)	[ha'iɲa]

príncipe (m)	príncipe (m)	['prĩsipi]
princesa (f)	princesa (f)	[prĩ'seza]

zar (m)	czar (m)	['kzar]
zarina (f)	czarina (f)	[kza'rina]

presidente (m)	presidente (m)	[prezi'dẽtʃi]
ministro (m)	ministro (m)	[mi'nistru]
primer ministro (m)	primeiro-ministro (m)	[pri'mejru mi'nistru]
senador (m)	senador (m)	[sena'dor]

diplomático (m)	diplomata (m)	[dʒiplo'mata]
cónsul (m)	cônsul (m)	['kõsuw]
embajador (m)	embaixador (m)	[ẽbajʃa'dor]
consejero (m)	conselheiro (m)	[kõse'ʎejru]

funcionario (m)	funcionário (m)	[fũsjo'narju]
prefecto (m)	prefeito (m)	[pre'fejtu]
alcalde (m)	Presidente (m) da Câmara	[prezi'dẽtʃi da 'kamara]

juez (m)	juiz (m)	[ʒwiz]
fiscal (m)	procurador (m)	[prokura'dor]

misionero (m)	missionário (m)	[misjo'narju]
monje (m)	monge (m)	['mõʒi]
abad (m)	abade (m)	[a'badʒi]
rabino (m)	rabino (m)	[ha'binu]

visir (m)	vizir (m)	[vi'zir]
sha (m)	xá (m)	[ʃa]
jeque (m)	xeique (m)	['ʃɛjki]

90. Las profesiones agrícolas

apicultor (m)	abelheiro (m)	[abi'ʎejru]
pastor (m)	pastor (m)	[pas'tor]
agrónomo (m)	agrônomo (m)	[a'gronomu]

ganadero (m)	criador (m) de gado	[krja'dor de 'gadu]
veterinario (m)	veterinário (m)	[veteri'narju]
granjero (m)	agricultor, fazendeiro (m)	[agrikuw'tor], [fazẽ'dejru]
vinicultor (m)	vinicultor (m)	[vinikuw'tor]
zoólogo (m)	zoólogo (m)	[zo'ɔlogu]
vaquero (m)	vaqueiro (m)	[va'kejru]

91. Las profesiones artísticas

actor (m)	ator (m)	[a'tor]
actriz (f)	atriz (f)	[a'triz]
cantante (m)	cantor (m)	[kã'tor]
cantante (f)	cantora (f)	[kã'tora]
bailarín (m)	bailarino (m)	[bajla'rinu]
bailarina (f)	bailarina (f)	[bajla'rina]
artista (m)	artista (m)	[ar'tʃista]
artista (f)	artista (f)	[ar'tʃista]
músico (m)	músico (m)	['muziku]
pianista (m)	pianista (m)	[pja'nista]
guitarrista (m)	guitarrista (m)	[gita'hista]
director (m) de orquesta	maestro (m)	[ma'ɛstru]
compositor (m)	compositor (m)	[kõpozi'tor]
empresario (m)	empresário (m)	[ẽpre'zarju]
director (m) de cine	diretor (m) de cinema	[dʒire'tor de si'nɛma]
productor (m)	produtor (m)	[produ'tor]
guionista (m)	roteirista (m)	[hotej'rista]
crítico (m)	crítico (m)	['kritʃiku]
escritor (m)	escritor (m)	[iskri'tor]
poeta (m)	poeta (m)	['pwɛta]
escultor (m)	escultor (m)	[iskuw'tor]
pintor (m)	pintor (m)	[pĩ'tor]
malabarista (m)	malabarista (m)	[malaba'rista]
payaso (m)	palhaço (m)	[pa'ʎasu]
acróbata (m)	acrobata (m)	[akro'bata]
ilusionista (m)	ilusionista (m)	[iluzjo'nista]

92. Profesiones diversas

médico (m)	médico (m)	['mɛdʒiku]
enfermera (f)	enfermeira (f)	[ẽfer'mejra]
psiquiatra (m)	psiquiatra (m)	[psi'kjatra]
dentista (m)	dentista (m)	[dẽ'tʃista]
cirujano (m)	cirurgião (m)	[sirur'ʒjãw]

T&P Books. Vocabulario Español-Portugués Brasilero - 5000 palabras más usadas

astronauta (m)	astronauta (m)	[astro'nawta]
astrónomo (m)	astrônomo (m)	[as'tronomu]
piloto (m)	piloto (m)	[pi'lotu]

conductor (m) (chófer)	motorista (m)	[moto'rista]
maquinista (m)	maquinista (m)	[maki'nista]
mecánico (m)	mecânico (m)	[me'kaniku]

minero (m)	mineiro (m)	[mi'nejru]
obrero (m)	operário (m)	[ope'rarju]
cerrajero (m)	serralheiro (m)	[seha'ʎejru]
carpintero (m)	marceneiro (m)	[marse'nejru]
tornero (m)	torneiro (m)	[tor'nejru]
albañil (m)	construtor (m)	[kõstru'tor]
soldador (m)	soldador (m)	[sɔwda'dor]

profesor (m) (título)	professor (m)	[profe'sor]
arquitecto (m)	arquiteto (m)	[arki'tɛtu]
historiador (m)	historiador (m)	[istorja'dor]
científico (m)	cientista (m)	[sjẽ'tʃista]
físico (m)	físico (m)	['fiziku]
químico (m)	químico (m)	['kimiku]

arqueólogo (m)	arqueólogo (m)	[ar'kjɔlogu]
geólogo (m)	geólogo (m)	[ʒe'ɔlogu]
investigador (m)	pesquisador (m)	[peskiza'dor]

| niñera (f) | babysitter, babá (f) | [bebi'sitter], [ba'ba] |
| pedagogo (m) | professor (m) | [profe'sor] |

redactor (m)	redator (m)	[heda'tor]
redactor jefe (m)	redator-chefe (m)	[heda'tor 'ʃɛfi]
corresponsal (m)	correspondente (m)	[kohespõ'dẽtʃi]
mecanógrafa (f)	datilógrafa (f)	[datʃi'lɔgrafa]

diseñador (m)	designer (m)	[dʒi'zajner]
especialista (m) en ordenadores	perito (m) em informática	[pe'ritu ẽ ĩfur'matika]
programador (m)	programador (m)	[programa'dor]
ingeniero (m)	engenheiro (m)	[ẽʒe'ɲejru]

marino (m)	marujo (m)	[ma'ruʒu]
marinero (m)	marinheiro (m)	[mari'ɲejru]
socorrista (m)	socorrista (m)	[soko'hista]

bombero (m)	bombeiro (m)	[bõ'bejru]
policía (m)	polícia (m)	[po'lisja]
vigilante (m) nocturno	guarda-noturno (m)	['gwarda no'turnu]
detective (m)	detetive (m)	[dete'tʃivi]

aduanero (m)	funcionário (m) da alfândega	[fũsjo'narju da aw'fãdʒiga]
guardaespaldas (m)	guarda-costas (m)	['gwarda 'kɔstas]
guardia (m) de prisiones	guarda (m) prisional	['gwarda prizjo'naw]
inspector (m)	inspetor (m)	[ĩspe'tor]
deportista (m)	esportista (m)	[ispor'tʃista]
entrenador (m)	treinador (m)	[trejna'dor]

carnicero (m)	açougueiro (m)	[aso'gejru]
zapatero (m)	sapateiro (m)	[sapa'tejru]
comerciante (m)	comerciante (m)	[komer'sjātʃi]
cargador (m)	carregador (m)	[kahega'dor]
diseñador (m) de modas	estilista (m)	[istʃi'lista]
modelo (f)	modelo (f)	[mo'delu]

93. Los trabajos. El estatus social

escolar (m)	estudante (m)	[istu'dãtʃi]
estudiante (m)	estudante (m)	[istu'dãtʃi]
filósofo (m)	filósofo (m)	[fi'lɔzofu]
economista (m)	economista (m)	[ekono'mista]
inventor (m)	inventor (m)	[ĩvẽ'tor]
desempleado (m)	desempregado (m)	[dʒizẽpre'gadu]
jubilado (m)	aposentado (m)	[apozẽ'tadu]
espía (m)	espião (m)	[is'pjãw]
prisionero (m)	preso, prisioneiro (m)	['prezu], [prizjo'nejru]
huelguista (m)	grevista (m)	[gre'vista]
burócrata (m)	burocrata (m)	[buro'krata]
viajero (m)	viajante (m)	[vja'ʒãtʃi]
homosexual (m)	homossexual (m)	[omosek'swaw]
hacker (m)	hacker (m)	['haker]
hippie (m)	hippie (m, f)	['hɪpɪ]
bandido (m)	bandido (m)	[bã'dʒidu]
sicario (m)	assassino (m)	[asa'sinu]
drogadicto (m)	drogado (m)	[dro'gadu]
narcotraficante (m)	traficante (m)	[trafi'kãtʃi]
prostituta (f)	prostituta (f)	[prostʃi'tuta]
chulo (m), proxeneta (m)	cafetão (m)	[kafe'tãw]
brujo (m)	bruxo (m)	['bruʃu]
bruja (f)	bruxa (f)	['bruʃa]
pirata (m)	pirata (m)	[pi'rata]
esclavo (m)	escravo (m)	[is'kravu]
samurai (m)	samurai (m)	[samu'raj]
salvaje (m)	selvagem (m)	[sew'vaʒẽ]

La educación

94. La escuela

escuela (f)	escola (f)	[is'kɔla]
director (m) de escuela	diretor (m) de escola	[dʒire'tor de is'kɔla]
alumno (m)	aluno (m)	[a'lunu]
alumna (f)	aluna (f)	[a'luna]
escolar (m)	estudante (m)	[istu'dãtʃi]
escolar (f)	estudante (f)	[istu'dãtʃi]
enseñar (vt)	ensinar (vt)	[ẽsi'nar]
aprender (ingles, etc.)	aprender (vt)	[aprẽ'der]
aprender de memoria	decorar (vt)	[deko'rar]
aprender (a leer, etc.)	estudar (vi)	[istu'dar]
estar en la escuela	estar na escola	[is'tar na is'kɔla]
ir a la escuela	ir à escola	[ir a is'kɔla]
alfabeto (m)	alfabeto (m)	[awfa'bɛtu]
materia (f)	disciplina (f)	[dʒisi'plina]
aula (f)	sala (f) de aula	['sala de 'awla]
lección (f)	lição, aula (f)	[li'sãw], ['awla]
recreo (m)	recreio (m)	[he'kreju]
campana (f)	toque (m)	['tɔki]
pupitre (m)	classe (f)	['klasi]
pizarra (f)	quadro (m) negro	['kwadru 'negru]
nota (f)	nota (f)	['nɔta]
buena nota (f)	boa nota (f)	['boa 'nɔta]
mala nota (f)	nota (f) baixa	['nɔta 'baɪʃa]
poner una nota	dar uma nota	[dar 'uma 'nɔta]
falta (f)	erro (m)	['ehu]
hacer faltas	errar (vi)	[e'har]
corregir (un error)	corrigir (vt)	[kohi'ʒir]
chuleta (f)	cola (f)	['kɔla]
deberes (m pl) de casa	dever (m) de casa	[de'ver de 'kaza]
ejercicio (m)	exercício (m)	[ezer'sisju]
estar presente	estar presente	[is'tar pre'zẽtʃi]
estar ausente	estar ausente	[is'tar aw'zẽtʃi]
faltar a las clases	faltar às aulas	[faw'tar as 'awlas]
castigar (vt)	punir (vt)	[pu'nir]
castigo (m)	punição (f)	[puni'sãw]
conducta (f)	comportamento (m)	[kõporta'mẽtu]

libreta (f) de notas	boletim (m) escolar	[bole'tʃĩ isko'lar]
lápiz (m)	lápis (m)	['lapis]
goma (f) de borrar	borracha (f)	[bo'haʃa]
tiza (f)	giz (m)	[ʒiz]
cartuchera (f)	porta-lápis (m)	['pɔrta-'lapis]

mochila (f)	mala, pasta, mochila (f)	['mala], ['pasta], [mo'ʃila]
bolígrafo (m)	caneta (f)	[ka'neta]
cuaderno (m)	caderno (m)	[ka'dɛrnu]
manual (m)	livro (m) didático	['livru dʒi'datʃiku]
compás (m)	compasso (m)	[kõ'pasu]

| trazar (vi, vt) | traçar (vt) | [tra'sar] |
| dibujo (m) técnico | desenho (m) técnico | [de'zɛɲu 'tɛkniku] |

poema (m), poesía (f)	poesia (f)	[poe'zia]
de memoria (adv)	de cor	[de kɔr]
aprender de memoria	decorar (vt)	[deko'rar]

vacaciones (f pl)	férias (f pl)	['fɛrjas]
estar de vacaciones	estar de férias	[is'tar de 'fɛrjas]
pasar las vacaciones	passar as férias	[pa'sar as 'fɛrjas]

prueba (f) escrita	teste (m), prova (f)	['tɛstʃi], ['prɔva]
composición (f)	redação (f)	[heda'sãw]
dictado (m)	ditado (m)	[dʒi'tadu]
examen (m)	exame (m), prova (f)	[e'zami], ['prɔva]
hacer un examen	fazer prova	[fa'zer 'prɔva]
experimento (m)	experiência (f)	[ispe'rjẽsja]

95. Los institutos. La Universidad

academia (f)	academia (f)	[akade'mia]
universidad (f)	universidade (f)	[universi'dadʒi]
facultad (f)	faculdade (f)	[fakuw'dadʒi]

estudiante (m)	estudante (m)	[istu'dãtʃi]
estudiante (f)	estudante (f)	[istu'dãtʃi]
profesor (m)	professor (m)	[profe'sor]

| aula (f) | auditório (m) | [awdʒi'tɔrju] |
| graduado (m) | graduado (m) | [gra'dwadu] |

| diploma (m) | diploma (m) | [dʒip'lɔma] |
| tesis (f) de grado | tese (f) | ['tɛzi] |

| estudio (m) | estudo (m) | [is'tudu] |
| laboratorio (m) | laboratório (m) | [labora'tɔrju] |

| clase (f) | palestra (f) | [pa'lɛstra] |
| compañero (m) de curso | colega (m) de curso | [ko'lɛga de 'kursu] |

| beca (f) | bolsa (f) de estudos | ['bowsa de is'tudus] |
| grado (m) académico | grau (m) acadêmico | ['graw aka'demiku] |

96. Las ciencias. Las disciplinas

matemáticas (f pl)	matemática (f)	[mate'matʃika]
álgebra (f)	álgebra (f)	['awʒebra]
geometría (f)	geometria (f)	[ʒeome'tria]
astronomía (f)	astronomia (f)	[astrono'mia]
biología (f)	biologia (f)	[bjolo'ʒia]
geografía (f)	geografia (f)	[ʒeogra'fia]
geología (f)	geologia (f)	[ʒeolo'ʒia]
historia (f)	história (f)	[is'tɔrja]
medicina (f)	medicina (f)	[medʒi'sina]
pedagogía (f)	pedagogia (f)	[pedago'ʒia]
derecho (m)	direito (m)	[dʒi'rejtu]
física (f)	física (f)	['fizika]
química (f)	química (f)	['kimika]
filosofía (f)	filosofia (f)	[filozo'fia]
psicología (f)	psicologia (f)	[psikolo'ʒia]

97. Los sistemas de escritura. La ortografía

gramática (f)	gramática (f)	[gra'matʃika]
vocabulario (m)	vocabulário (m)	[vokabu'larju]
fonética (f)	fonética (f)	[fo'nɛtʃika]
sustantivo (m)	substantivo (m)	[substã'tʃivu]
adjetivo (m)	adjetivo (m)	[adʒe'tʃivu]
verbo (m)	verbo (m)	['vɛrbu]
adverbio (m)	advérbio (m)	[adʒi'vɛrbju]
pronombre (m)	pronome (m)	[pro'nɔmi]
interjección (f)	interjeição (f)	[ĩterʒej'sãw]
preposición (f)	preposição (f)	[prepozi'sãw]
raíz (f), radical (m)	raiz (f)	[ha'iz]
desinencia (f)	terminação (f)	[termina'sãw]
prefijo (m)	prefixo (m)	[pre'fiksu]
sílaba (f)	sílaba (f)	['silaba]
sufijo (m)	sufixo (m)	[su'fiksu]
acento (m)	acento (m)	[a'sẽtu]
apóstrofo (m)	apóstrofo (m)	[a'pɔstrofu]
punto (m)	ponto (m)	['põtu]
coma (f)	vírgula (f)	['virgula]
punto y coma	ponto e vírgula (m)	['põtu e 'virgula]
dos puntos (m pl)	dois pontos (m pl)	['dojs 'põtus]
puntos (m pl) suspensivos	reticências (f pl)	[hetʃi'sẽsjas]
signo (m) de interrogación	ponto (m) de interrogação	['põtu de ĩtehoga'sãw]
signo (m) de admiración	ponto (m) de exclamação	['põtu de isklama'sãw]

comillas (f pl)	aspas (f pl)	['aspas]
entre comillas	entre aspas	[ẽtri 'aspas]
paréntesis (m)	parênteses (m pl)	[pa'rẽtezis]
entre paréntesis	entre parênteses	[ẽtri pa'rẽtezis]
guión (m)	hífen (m)	['ifẽ]
raya (f)	travessão (m)	[trave'sãw]
blanco (m)	espaço (m)	[is'pasu]
letra (f)	letra (f)	['letra]
letra (f) mayúscula	letra (f) maiúscula	['letra ma'juskula]
vocal (f)	vogal (f)	[vo'gaw]
consonante (m)	consoante (f)	[kõso'ãtʃi]
oración (f)	frase (f)	['frazi]
sujeto (m)	sujeito (m)	[su'ʒejtu]
predicado (m)	predicado (m)	[predʒi'kadu]
línea (f)	linha (f)	['liɲa]
en una nueva línea	em uma nova linha	[ẽ 'uma 'nɔva 'liɲa]
párrafo (m)	parágrafo (m)	[pa'ragrafu]
palabra (f)	palavra (f)	[pa'lavra]
combinación (f) de palabras	grupo (m) de palavras	['grupu de pa'lavras]
expresión (f)	expressão (f)	[ispre'sãw]
sinónimo (m)	sinônimo (m)	[si'nonimu]
antónimo (m)	antônimo (m)	[ã'tonimu]
regla (f)	regra (f)	['hɛgra]
excepción (f)	exceção (f)	[ese'sãw]
correcto (adj)	correto	[ko'hɛtu]
conjugación (f)	conjugação (f)	[kõʒuga'sãw]
declinación (f)	declinação (f)	[deklina'sãw]
caso (m)	caso (m)	['kazu]
pregunta (f)	pergunta (f)	[per'gũta]
subrayar (vt)	sublinhar (vt)	[subli'ɲar]
línea (f) de puntos	linha (f) pontilhada	['liɲa põtʃi'ʎada]

98. Los idiomas extranjeros

lengua (f)	língua (f)	['lĩgwa]
extranjero (adj)	estrangeiro	[istrã'ʒejru]
lengua (f) extranjera	língua (f) estrangeira	['lĩgwa istrã'ʒejra]
estudiar (vt)	estudar (vt)	[istu'dar]
aprender (ingles, etc.)	aprender (vt)	[aprẽ'der]
leer (vi, vt)	ler (vt)	[ler]
hablar (vi, vt)	falar (vi)	[fa'lar]
comprender (vt)	entender (vt)	[ẽtẽ'der]
escribir (vt)	escrever (vt)	[iskre'ver]
rápidamente (adv)	rapidamente	[hapida'mẽtʃi]
lentamente (adv)	lentamente	[lẽta'mẽtʃi]

con fluidez (adv)	fluentemente	[fluẽte'mẽtʃi]
reglas (f pl)	regras (f pl)	['hɛgras]
gramática (f)	gramática (f)	[gra'matʃika]
vocabulario (m)	vocabulário (m)	[vokabu'larju]
fonética (f)	fonética (f)	[fo'nɛtʃika]

manual (m)	livro (m) didático	['livru dʒi'datʃiku]
diccionario (m)	dicionário (m)	[dʒisjo'narju]
manual (m) autodidáctico	manual (m) autodidático	[ma'nwaw awtɔdʒi'datʃiku]
guía (f) de conversación	guia (m) de conversação	['gia de kõversa'sãw]

casete (m)	fita (f) cassete	['fita ka'sɛtʃi]
videocasete (f)	videoteipe (m)	[vidʒju'tejpi]
disco compacto, CD (m)	CD, disco (m) compacto	['sede], ['dʒisku kõ'paktu]
DVD (m)	DVD (m)	[deve'de]

alfabeto (m)	alfabeto (m)	[awfa'bɛtu]
deletrear (vt)	soletrar (vt)	[sole'trar]
pronunciación (f)	pronúncia (f)	[pro'nũsja]

acento (m)	sotaque (m)	[so'taki]
con acento	com sotaque	[kõ so'taki]
sin acento	sem sotaque	[sẽ so'taki]

| palabra (f) | palavra (f) | [pa'lavra] |
| significado (m) | sentido (m) | [sẽ'tʃidu] |

cursos (m pl)	curso (m)	['kursu]
inscribirse (vr)	inscrever-se (vr)	[ĩskre'verse]
profesor (m) (~ de inglés)	professor (m)	[profe'sor]

traducción (f) (proceso)	tradução (f)	[tradu'sãw]
traducción (f) (texto)	tradução (f)	[tradu'sãw]
traductor (m)	tradutor (m)	[tradu'tor]
intérprete (m)	intérprete (m)	[ĩ'tɛrpretʃi]

| políglota (m) | poliglota (m) | [poli'glota] |
| memoria (f) | memória (f) | [me'mɔrja] |

El descanso. El entretenimiento. El viaje

99. Las vacaciones. El viaje

turismo (m)	turismo (m)	[tu'rizmu]
turista (m)	turista (m)	[tu'rista]
viaje (m)	viagem (f)	['vjaʒẽ]
aventura (f)	aventura (f)	[avẽ'tura]
viaje (m) (p.ej. ~ en coche)	viagem (f)	['vjaʒẽ]
vacaciones (f pl)	férias (f pl)	['fɛrjas]
estar de vacaciones	estar de férias	[is'tar de 'fɛrjas]
descanso (m)	descanso (m)	[dʒis'kãsu]
tren (m)	trem (m)	[trẽj]
en tren	de trem	[de trẽj]
avión (m)	avião (m)	[a'vjãw]
en avión	de avião	[de a'vjãw]
en coche	de carro	[de 'kaho]
en barco	de navio	[de na'viu]
equipaje (m)	bagagem (f)	[ba'gaʒẽ]
maleta (f)	mala (f)	['mala]
carrito (m) de equipaje	carrinho (m)	[ka'hiɲu]
pasaporte (m)	passaporte (m)	[pasa'portʃi]
visado (m)	visto (m)	['vistu]
billete (m)	passagem (f)	[pa'saʒẽ]
billete (m) de avión	passagem (f) aérea	[pa'saʒẽ a'erja]
guía (f) (libro)	guia (m) de viagem	['gia de vi'aʒẽ]
mapa (m)	mapa (m)	['mapa]
área (f) (~ rural)	área (f)	['arja]
lugar (m)	lugar (m)	[lu'gar]
exotismo (m)	exotismo (m)	[ezo'tʃizmu]
exótico (adj)	exótico	[e'zɔtʃiku]
asombroso (adj)	surpreendente	[surprjẽ'dẽtʃi]
grupo (m)	grupo (m)	['grupu]
excursión (f)	excursão (f)	[iskur'sãw]
guía (m) (persona)	guia (m)	['gia]

100. El hotel

hotel (m)	hotel (m)	[o'tɛw]
motel (m)	motel (m)	[mo'tɛw]
de tres estrellas	três estrelas	['tres is'trelas]

| de cinco estrellas | cinco estrelas | ['sĩku is'trelas] |
| hospedarse (vr) | ficar (vi, vt) | [fi'kar] |

habitación (f)	quarto (m)	['kwartu]
habitación (f) individual	quarto (m) individual	['kwartu ĩdʒivi'dwaw]
habitación (f) doble	quarto (m) duplo	['kwartu 'duplu]
reservar una habitación	reservar um quarto	[hezer'var ũ 'kwartu]

| media pensión (f) | meia pensão (f) | ['meja pẽ'sãw] |
| pensión (f) completa | pensão (f) completa | [pẽ'sãw kõ'plɛta] |

con baño	com banheira	[kõ ba'ɲejra]
con ducha	com chuveiro	[kõ ʃu'vejru]
televisión (f) satélite	televisão (m) por satélite	[televi'zãw por sa'tɛlitʃi]
climatizador (m)	ar (m) condicionado	[ar kõdʒisjo'nadu]
toalla (f)	toalha (f)	[to'aʎa]
llave (f)	chave (f)	['ʃavi]

administrador (m)	administrador (m)	[adʒiministra'dor]
camarera (f)	camareira (f)	[kama'rejra]
maletero (m)	bagageiro (m)	[baga'ʒejru]
portero (m)	porteiro (m)	[por'tejru]

restaurante (m)	restaurante (m)	[hestaw'rãtʃi]
bar (m)	bar (m)	[bar]
desayuno (m)	café (m) da manhã	[ka'fɛ da ma'ɲã]
cena (f)	jantar (m)	[ʒã'tar]
buffet (m) libre	bufê (m)	[bu'fe]

| vestíbulo (m) | saguão (m) | [sa'gwãw] |
| ascensor (m) | elevador (m) | [eleva'dor] |

| NO MOLESTAR | NÃO PERTURBE | ['nãw per'turbi] |
| PROHIBIDO FUMAR | PROIBIDO FUMAR! | [proi'bidu fu'mar] |

EL EQUIPO TÉCNICO. EL TRANSPORTE

El equipo técnico

101. El computador

ordenador (m)	computador (m)	[kõputa'doɾ]
ordenador (m) portátil	computador (m) portátil	[kõputa'dɔɾ poɾ'tatʃiw]
encender (vt)	ligar (vt)	[li'gaɾ]
apagar (vt)	desligar (vt)	[dʒizli'gaɾ]
teclado (m)	teclado (m)	[tɛk'ladu]
tecla (f)	tecla (f)	['tɛkla]
ratón (m)	mouse (m)	['mawz]
alfombrilla (f) para ratón	tapete (m) para mouse	[ta'petʃi 'para 'mawz]
botón (m)	botão (m)	[bo'tãw]
cursor (m)	cursor (m)	[kuɾ'soɾ]
monitor (m)	monitor (m)	[moni'toɾ]
pantalla (f)	tela (f)	['tɛla]
disco (m) duro	disco (m) rígido	['dʒisku 'hiʒidu]
volumen (m) de disco duro	capacidade (f) do disco rígido	[kapasi'dadʒi du 'dʒisku 'hiʒidu]
memoria (f)	memória (f)	[me'mɔɾja]
memoria (f) operativa	memória RAM (f)	[me'mɔɾja ram]
archivo, fichero (m)	arquivo (m)	[aɾ'kivu]
carpeta (f)	pasta (f)	['pasta]
abrir (vt)	abrir (vt)	[a'bɾiɾ]
cerrar (vt)	fechar (vt)	[fe'ʃaɾ]
guardar (un archivo)	salvar (vt)	[saw'vaɾ]
borrar (vt)	deletar (vt)	[dele'taɾ]
copiar (vt)	copiar (vt)	[ko'pjaɾ]
ordenar (vt) (~ de A a Z, etc.)	ordenar (vt)	[oɾde'naɾ]
transferir (vt)	copiar (vt)	[ko'pjaɾ]
programa (m)	programa (m)	[pɾo'gɾama]
software (m)	software (m)	[sof'tweɾ]
programador (m)	programador (m)	[pɾogɾama'doɾ]
programar (vt)	programar (vt)	[pɾogɾa'maɾ]
hacker (m)	hacker (m)	['hakeɾ]
contraseña (f)	senha (f)	['sɛɲa]
virus (m)	vírus (m)	['virus]
detectar (vt)	detectar (vt)	[detek'taɾ]

octeto, byte (m)	byte (m)	['bajtʃi]
megaocteto (m)	megabyte (m)	[mega'bajtʃi]
datos (m pl)	dados (m pl)	['dadus]
base (f) de datos	base (f) de dados	['bazi de 'dadus]
cable (m)	cabo (m)	['kabu]
desconectar (vt)	desconectar (vt)	[dezkonek'tar]
conectar (vt)	conectar (vt)	[konek'tar]

102. El internet. El correo electrónico

internet (m), red (f)	internet (f)	[ĩter'nɛtʃi]
navegador (m)	browser (m)	['brawzer]
buscador (m)	motor (m) de busca	[mo'tor de 'buska]
proveedor (m)	provedor (m)	[prove'dor]
webmaster (m)	webmaster (m)	[web'master]
sitio (m) web	website (m)	[websajt]
página (f) web	página web (f)	['paʒina webi]
dirección (f)	endereço (m)	[ẽde'resu]
libro (m) de direcciones	livro (m) de endereços	['livru de ẽde'resus]
buzón (m)	caixa (f) de correio	['kaɪʃa de ko'heju]
correo (m)	correio (m)	[ko'heju]
lleno (adj)	cheia	['ʃeja]
mensaje (m)	mensagem (f)	[mẽ'saʒẽ]
correo (m) entrante	mensagens (f pl) recebidas	[mẽ'saʒẽs hese'bidas]
correo (m) saliente	mensagens (f pl) enviadas	[mẽ'saʒẽs ẽ'vjadas]
expedidor (m)	remetente (m)	[heme'tẽtʃi]
enviar (vt)	enviar (vt)	[ẽ'vjar]
envío (m)	envio (m)	[ẽ'viu]
destinatario (m)	destinatário (m)	[destʃina'tarju]
recibir (vt)	receber (vt)	[hese'ber]
correspondencia (f)	correspondência (f)	[kohespõ'dẽsja]
escribirse con ...	corresponder-se (vr)	[kohespõ'dersi]
archivo, fichero (m)	arquivo (m)	[ar'kivu]
descargar (vt)	fazer o download, baixar (vt)	[fa'zer u dawn'load], [baj'ʃar]
crear (vt)	criar (vt)	[krjar]
borrar (vt)	deletar (vt)	[dele'tar]
borrado (adj)	deletado	[dele'tadu]
conexión (f) (ADSL, etc.)	conexão (f)	[konek'sãw]
velocidad (f)	velocidade (f)	[velosi'dadʒi]
módem (m)	modem (m)	['modẽ]
acceso (m)	acesso (m)	[a'sɛsu]
puerto (m)	porta (f)	['porta]
conexión (f) (establecer la ~)	conexão (f)	[konek'sãw]
conectarse a ...	conectar (vi)	[konek'tar]

| seleccionar (vt) | escolher (vt) | [isko'ʎer] |
| buscar (vt) | buscar (vt) | [bus'kar] |

103. La electricidad

electricidad (f)	eletricidade (f)	[eletrisi'dadʒi]
eléctrico (adj)	elétrico	[e'lɛtriku]
central (f) eléctrica	planta (f) elétrica	['plãta e'lɛtrika]
energía (f)	energia (f)	[ener'ʒia]
energía (f) eléctrica	energia (f) elétrica	[ener'ʒia e'lɛtrika]

bombilla (f)	lâmpada (f)	['lãpada]
linterna (f)	lanterna (f)	[lã'tɛrna]
farola (f)	poste (m) de iluminação	['pɔstʃi de ilumina'sãw]

luz (f)	luz (f)	[luz]
encender (vt)	ligar (vt)	[li'gar]
apagar (vt)	desligar (vt)	[dʒizli'gar]
apagar la luz	apagar a luz	[apa'gar a luz]

quemarse (vr)	queimar (vi)	[kej'mar]
circuito (m) corto	curto-circuito (m)	['kurtu sir'kwitu]
ruptura (f)	ruptura (f)	[hup'tura]
contacto (m)	contato (m)	[kõ'tatu]

interruptor (m)	interruptor (m)	[ĩtehup'tor]
enchufe (m)	tomada (f)	[to'mada]
clavija (f)	plugue (m)	['plugi]
alargador (m)	extensão (f)	[istẽ'sãw]

fusible (m)	fusível (m)	[fu'zivew]
cable, hilo (m)	fio, cabo (m)	['fiu], ['kabu]
instalación (f) eléctrica	instalação (f) elétrica	[ĩstala'sãw e'lɛtrika]

amperio (m)	ampère (m)	[ã'pɛri]
amperaje (m)	amperagem (f)	[ãpe'raʒẽ]
voltio (m)	volt (m)	['vowtʃi]
voltaje (m)	voltagem (f)	[vow'taʒẽ]

| aparato (m) eléctrico | aparelho (m) elétrico | [apa'reʎu e'lɛtriku] |
| indicador (m) | indicador (m) | [ĩdʒika'dor] |

electricista (m)	eletricista (m)	[eletri'sista]
soldar (vt)	soldar (vt)	[sow'dar]
soldador (m)	soldador (m)	[sɔwda'dor]
corriente (f)	corrente (f) elétrica	[ko'hẽtʃi e'lɛtrika]

104. Las herramientas

instrumento (m)	ferramenta (f)	[feha'mẽta]
instrumentos (m pl)	ferramentas (f pl)	[feha'mẽtas]
maquinaria (f)	equipamento (m)	[ekipa'mẽtu]

martillo (m)	martelo (m)	[mar'tɛlu]
destornillador (m)	chave (f) de fenda	['ʃavi de 'fẽda]
hacha (f)	machado (m)	[ma'ʃadu]
sierra (f)	serra (f)	['sɛha]
serrar (vt)	serrar (vt)	[se'har]
cepillo (m)	plaina (f)	['plajna]
cepillar (vt)	aplainar (vt)	[aplaj'nar]
soldador (m)	soldador (m)	[sɔwda'dor]
soldar (vt)	soldar (vt)	[sow'dar]
lima (f)	lima (f)	['lima]
tenazas (f pl)	tenaz (f)	[te'najz]
alicates (m pl)	alicate (m)	[ali'katʃi]
escoplo (m)	formão (m)	[for'mãw]
broca (f)	broca (f)	['brɔka]
taladro (m)	furadeira (f) elétrica	[fura'dejra e'lɛtrika]
taladrar (vi, vt)	furar (vt)	[fu'rar]
cuchillo (m)	faca (f)	['faka]
filo (m)	lâmina (f)	['lamina]
agudo (adj)	afiado	[a'fjadu]
embotado (adj)	cego	['sɛgu]
embotarse (vr)	embotar-se (vr)	[ẽbo'tarsi]
afilar (vt)	afiar, amolar (vt)	[a'fjar], [amo'lar]
perno (m)	parafuso (m)	[para'fuzu]
tuerca (f)	porca (f)	['pɔrka]
filete (m)	rosca (f)	['hoska]
tornillo (m)	parafuso (m)	[para'fuzu]
clavo (m)	prego (m)	['prɛgu]
cabeza (f) del clavo	cabeça (f) do prego	[ka'besa du 'prɛgu]
regla (f)	régua (f)	['hɛgwa]
cinta (f) métrica	fita (f) métrica	['fita 'mɛtrika]
nivel (m) de burbuja	nível (m)	['nivew]
lupa (f)	lupa (f)	['lupa]
aparato (m) de medida	medidor (m)	[medʒi'dor]
medir (vt)	medir (vt)	[me'dʒir]
escala (f) (~ métrica)	escala (f)	[is'kala]
lectura (f)	indicação (f), registro (m)	[indʒika'sãw], [he'ʒistru]
compresor (m)	compressor (m)	[kõpre'sor]
microscopio (m)	microscópio (m)	[mikro'skɔpju]
bomba (f) (~ de agua)	bomba (f)	['bõba]
robot (m)	robô (m)	[ho'bo]
láser (m)	laser (m)	['lɛjzer]
llave (f) de tuerca	chave (f) de boca	['ʃavi de 'boka]
cinta (f) adhesiva	fita (f) adesiva	['fita ade'ziva]
cola (f), pegamento (m)	cola (f)	['kɔla]

papel (m) de lija	lixa (f)	['liʃa]
resorte (m)	mola (f)	['mɔla]
imán (m)	ímã (m)	['imã]
guantes (m pl)	luva (f)	['luva]
cuerda (f)	corda (f)	['kɔrda]
cordón (m)	corda (f)	['kɔrda]
hilo (m) (~ eléctrico)	fio (m)	['fiu]
cable (m)	cabo (m)	['kabu]
almádana (f)	marreta (f)	[ma'hɛta]
barra (f)	pé de cabra (m)	[pɛ de 'kabra]
escalera (f) portátil	escada (f) de mão	[is'kada de 'mãw]
escalera (f) de tijera	escada (m)	[is'kada]
atornillar (vt)	enroscar (vt)	[ẽhos'kar]
destornillar (vt)	desenroscar (vt)	[dezẽhos'kar]
apretar (vt)	apertar (vt)	[aper'tar]
pegar (vt)	colar (vt)	[ko'lar]
cortar (vt)	cortar (vt)	[kor'tar]
fallo (m)	falha (f)	['faʎa]
reparación (f)	conserto (m)	[kõ'sɛrtu]
reparar (vt)	consertar, reparar (vt)	[kõser'tar], [hepa'rar]
regular, ajustar (vt)	regular, ajustar (vt)	[hegu'lar], [aʒus'tar]
verificar (vt)	verificar (vt)	[verifi'kar]
control (m)	verificação (f)	[verifika'sãw]
lectura (f) (~ del contador)	indicação (f), registro (m)	[indʒika'sãw], [he'ʒistru]
fiable (máquina)	seguro	[se'guru]
complicado (adj)	complicado	[kõpli'kadu]
oxidarse (vr)	enferrujar (vi)	[ẽfehu'ʒar]
oxidado (adj)	enferrujado	[ẽfehu'ʒadu]
óxido (m)	ferrugem (f)	[fe'huʒẽ]

El transporte

105. El avión

avión (m)	avião (m)	[a'vjãw]
billete (m) de avión	passagem (f) aérea	[pa'saʒẽ a'erja]
compañía (f) aérea	companhia (f) aérea	[kõpa'ɲia a'erja]
aeropuerto (m)	aeroporto (m)	[aero'portu]
supersónico (adj)	supersônico	[super'soniku]
comandante (m)	comandante (m) do avião	[komã'dãtʃi du a'vjãw]
tripulación (f)	tripulação (f)	[tripula'sãw]
piloto (m)	piloto (m)	[pi'lotu]
azafata (f)	aeromoça (f)	[aero'mosa]
navegador (m)	copiloto (m)	[kopi'lotu]
alas (f pl)	asas (f pl)	['azas]
cola (f)	cauda (f)	['kawda]
cabina (f)	cabine (f)	[ka'bini]
motor (m)	motor (m)	[mo'tor]
tren (m) de aterrizaje	trem (m) de pouso	[trẽj de 'pozu]
turbina (f)	turbina (f)	[tur'bina]
hélice (f)	hélice (f)	['ɛlisi]
caja (f) negra	caixa-preta (f)	['kaɪʃa 'preta]
timón (m)	coluna (f) de controle	[ko'luna de kõ'troli]
combustible (m)	combustível (m)	[kõbus'tʃivew]
instructivo (m) de seguridad	instruções (f pl) de segurança	[ĩstru'sõjs de segu'rãsa]
respirador (m) de oxígeno	máscara (f) de oxigênio	['maskara de oksi'ʒenju]
uniforme (m)	uniforme (m)	[uni'fɔrmi]
chaleco (m) salvavidas	colete (m) salva-vidas	[ko'letʃi 'sawva 'vidas]
paracaídas (m)	paraquedas (m)	[para'kɛdas]
despegue (m)	decolagem (f)	[deko'laʒẽ]
despegar (vi)	descolar (vi)	[dʒisko'lar]
pista (f) de despegue	pista (f) de decolagem	['pista de deko'laʒẽ]
visibilidad (f)	visibilidade (f)	[vizibili'dadʒi]
vuelo (m)	voo (m)	['vou]
altura (f)	altura (f)	[aw'tura]
pozo (m) de aire	poço (m) de ar	['posu de 'ar]
asiento (m)	assento (m)	[a'sẽtu]
auriculares (m pl)	fone (m) de ouvido	['fɔni de o'vidu]
mesita (f) plegable	mesa (f) retrátil	['meza he'tratʃiw]
ventana (f)	janela (f)	[ʒa'nɛla]
pasillo (m)	corredor (m)	[kohe'dor]

106. El tren

Español	Português	Pronunciación
tren (m)	trem (m)	[trẽj]
tren (m) de cercanías	trem (m) elétrico	[trẽj e'lɛtriku]
tren (m) rápido	trem (m)	[trẽj]
locomotora (f) diésel	locomotiva (f) diesel	[lokomo'tʃiva 'dʒizew]
tren (m) de vapor	locomotiva (f) a vapor	[lokomo'tʃiva a va'poɾ]
coche (m)	vagão (f) de passageiros	[va'gãw de pasa'ʒejrus]
coche (m) restaurante	vagão-restaurante (m)	[va'gãw-hestaw'rãtʃi]
rieles (m pl)	carris (m pl)	[ka'his]
ferrocarril (m)	estrada (f) de ferro	[is'trada de 'fɛhu]
traviesa (f)	travessa (f)	[tra'vɛsa]
plataforma (f)	plataforma (f)	[plata'fɔrma]
vía (f)	linha (f)	['liɲa]
semáforo (m)	semáforo (m)	[se'mafoɾu]
estación (f)	estação (f)	[ista'sãw]
maquinista (m)	maquinista (m)	[maki'nista]
maletero (m)	bagageiro (m)	[baga'ʒejru]
mozo (m) del vagón	hospedeiro, -a (m, f)	[ospe'dejru, -a]
pasajero (m)	passageiro (m)	[pasa'ʒejru]
revisor (m)	revisor (m)	[hevi'zoɾ]
corredor (m)	corredor (m)	[kohe'doɾ]
freno (m) de urgencia	freio (m) de emergência	['freju de imer'ʒẽsja]
compartimiento (m)	compartimento (m)	[kõpartʃi'mẽtu]
litera (f)	cama (f)	['kama]
litera (f) de arriba	cama (f) de cima	['kama de 'sima]
litera (f) de abajo	cama (f) de baixo	['kama de 'baɪʃu]
ropa (f) de cama	roupa (f) de cama	['hopa de 'kama]
billete (m)	passagem (f)	[pa'saʒẽ]
horario (m)	horário (m)	[o'rarju]
pantalla (f) de información	painel (m) de informação	[paj'nɛw de ĩforma'sãw]
partir (vi)	partir (vt)	[par'tʃir]
partida (f) (del tren)	partida (f)	[par'tʃida]
llegar (tren)	chegar (vi)	[ʃe'gar]
llegada (f)	chegada (f)	[ʃe'gada]
llegar en tren	chegar de trem	[ʃe'gar de trẽj]
tomar el tren	pegar o trem	[pe'gar u trẽj]
bajar del tren	descer de trem	[de'ser de trẽj]
descarrilamiento (m)	acidente (m) ferroviário	[asi'dẽtʃi feho'vjarju]
descarrilarse (vr)	descarrilar (vi)	[dʒiskahi'ʎar]
tren (m) de vapor	locomotiva (f) a vapor	[lokomo'tʃiva a va'poɾ]
fogonero (m)	foguista (m)	[fo'gista]
hogar (m)	fornalha (f)	[for'naʎa]
carbón (m)	carvão (m)	[kar'vãw]

107. El barco

barco, buque (m)	navio (m)	[na'viu]
navío (m)	embarcação (f)	[ẽbarka'sãw]
buque (m) de vapor	barco (m) a vapor	['barku a va'por]
motonave (f)	barco (m) fluvial	['barku flu'vjaw]
trasatlántico (m)	transatlântico (m)	[trãzat'lãtʃiku]
crucero (m)	cruzeiro (m)	[kru'zejru]
yate (m)	iate (m)	['jatʃi]
remolcador (m)	rebocador (m)	[heboka'dor]
barcaza (f)	barcaça (f)	[bar'kasa]
ferry (m)	ferry (m), balsa (f)	['fɛʀi], ['balsa]
velero (m)	veleiro (m)	[ve'lejru]
bergantín (m)	bergantim (m)	[behgã'tʃĩ]
rompehielos (m)	quebra-gelo (m)	['kɛbra 'ʒelu]
submarino (m)	submarino (m)	[subma'rinu]
bote (m) de remo	bote, barco (m)	['bɔtʃi], ['barku]
bote (m)	baleeira (f)	[bale'ejra]
bote (m) salvavidas	bote (m) salva-vidas	['bɔtʃi 'sawva 'vidas]
lancha (f) motora	lancha (f)	['lãʃa]
capitán (m)	capitão (m)	[kapi'tãw]
marinero (m)	marinheiro (m)	[mari'ɲejru]
marino (m)	marujo (m)	[ma'ruʒu]
tripulación (f)	tripulação (f)	[tripula'sãw]
contramaestre (m)	contramestre (m)	[kõtra'mɛstri]
grumete (m)	grumete (m)	[gru'mɛtʃi]
cocinero (m) de abordo	cozinheiro (m) de bordo	[kozi'ɲejru de 'bɔrdu]
médico (m) del buque	médico (m) de bordo	['mɛdʒiku de 'bɔrdu]
cubierta (f)	convés (m)	[kõ'vɛs]
mástil (m)	mastro (m)	['mastru]
vela (f)	vela (f)	['vɛla]
bodega (f)	porão (m)	[po'rãw]
proa (f)	proa (f)	['proa]
popa (f)	popa (f)	['popa]
remo (m)	remo (m)	['hɛmu]
hélice (f)	hélice (f)	['ɛlisi]
camarote (m)	cabine (m)	[ka'bini]
sala (f) de oficiales	sala (f) dos oficiais	['sala dus ofi'sjajs]
sala (f) de máquinas	sala (f) das máquinas	['sala das 'makinas]
puente (m) de mando	ponte (m) de comando	['põtʃi de ko'mãdu]
sala (f) de radio	sala (f) de comunicações	['sala de komunika'sõjs]
onda (f)	onda (f)	['õda]
cuaderno (m) de bitácora	diário (m) de bordo	['dʒjarju de 'bɔrdu]
anteojo (m)	luneta (f)	[lu'neta]
campana (f)	sino (m)	['sinu]

bandera (f)	bandeira (f)	[bã'dejra]
cabo (m) (maroma)	cabo (m)	['kabu]
nudo (m)	nó (m)	[nɔ]
pasamano (m)	corrimão (m)	[kohi'mãw]
pasarela (f)	prancha (f) de embarque	['prãʃa de ẽ'barki]
ancla (f)	âncora (f)	['ãkora]
levar ancla	recolher a âncora	[heko'ʎer a 'ãkora]
echar ancla	jogar a âncora	[ʒo'gar a 'ãkora]
cadena (f) del ancla	amarra (f)	[a'maha]
puerto (m)	porto (m)	['portu]
embarcadero (m)	cais, amarradouro (m)	[kajs], [amaha'doru]
amarrar (vt)	atracar (vi)	[atra'kar]
desamarrar (vt)	desatracar (vi)	[dʒizatra'kar]
viaje (m)	viagem (f)	['vjaʒẽ]
crucero (m) (viaje)	cruzeiro (m)	[kru'zejru]
derrota (f) (rumbo)	rumo (m)	['humu]
itinerario (m)	itinerário (m)	[itʃine'rarju]
canal (m) navegable	canal (m) de navegação	[ka'naw de navega'sãw]
bajío (m)	banco (m) de areia	['bãku de a'reja]
encallar (vi)	encalhar (vt)	[ẽka'ʎar]
tempestad (f)	tempestade (f)	[tẽpes'tadʒi]
señal (f)	sinal (m)	[si'naw]
hundirse (vr)	afundar-se (vr)	[afũ'darse]
¡Hombre al agua!	Homem ao mar!	['ɔmẽ aw mah]
SOS	SOS	[ɛseo'ɛsi]
aro (m) salvavidas	boia (f) salva-vidas	['bɔja 'sawva 'vidas]

108. El aeropuerto

aeropuerto (m)	aeroporto (m)	[aero'portu]
avión (m)	avião (m)	[a'vjãw]
compañía (f) aérea	companhia (f) aérea	[kõpa'nia a'erja]
controlador (m) aéreo	controlador (m) de tráfego aéreo	[kõtrola'dor de 'trafegu a'erju]
despegue (m)	partida (f)	[par'tʃida]
llegada (f)	chegada (f)	[ʃe'gada]
llegar (en avión)	chegar (vi)	[ʃe'gar]
hora (f) de salida	hora (f) de partida	['ɔra de par'tʃida]
hora (f) de llegada	hora (f) de chegada	['ɔra de ʃe'gada]
retrasarse (vr)	estar atrasado	[is'tar atra'zadu]
retraso (m) de vuelo	atraso (m) de voo	[a'trazu de 'vou]
pantalla (f) de información	painel (m) de informação	[paj'nɛw de ĩforma'sãw]
información (f)	informação (f)	[ĩforma'sãw]
anunciar (vt)	anunciar (vt)	[anũ'sjar]

vuelo (m)	voo (m)	['vou]
aduana (f)	alfândega (f)	[aw'fãdʒiga]
aduanero (m)	funcionário (m) da alfândega	[fũsjo'narju da aw'fãdʒiga]

declaración (f) de aduana	declaração (f) alfandegária	[deklara'sãw awfãde'garja]
rellenar (vt)	preencher (vt)	[preẽ'ʃer]
rellenar la declaración	preencher a declaração	[preẽ'ʃer a deklara'sãw]
control (m) de pasaportes	controle (m) de passaporte	[kõ'trɔli de pasa'pɔrtʃi]

equipaje (m)	bagagem (f)	[ba'gaʒẽ]
equipaje (m) de mano	bagagem (f) de mão	[ba'gaʒẽ de 'mãw]
carrito (m) de equipaje	carrinho (m)	[ka'hiɲu]

aterrizaje (m)	pouso (m)	['pozu]
pista (f) de aterrizaje	pista (f) de pouso	['pista de 'pozu]
aterrizar (vi)	aterrissar (vi)	[atehi'sar]
escaleras (f pl) (de avión)	escada (f) de avião	[is'kada de a'vjãw]

facturación (f) (check-in)	check-in (m)	[ʃɛ'kin]
mostrador (m) de facturación	balcão (m) do check-in	[baw'kãw du ʃɛ'kin]
hacer el check-in	fazer o check-in	[fa'zer u ʃɛ'kin]
tarjeta (f) de embarque	cartão (m) de embarque	[kar'tãw de ẽ'barki]
puerta (f) de embarque	portão (m) de embarque	[por'tãw de ẽ'barki]

tránsito (m)	trânsito (m)	['trãzitu]
esperar (aguardar)	esperar (vt)	[ispe'rar]
zona (f) de preembarque	sala (f) de espera	['sala de is'pɛra]
despedir (vt)	despedir-se de ...	[dʒispe'dʒirsi de]
despedirse (vr)	despedir-se (vr)	[dʒispe'dʒirsi]

Acontecimentos de la vida

109. Los días festivos. Los eventos

fiesta (f)	festa (f)	['fɛsta]
fiesta (f) nacional	feriado (m) nacional	[fe'rjadu nasjo'naw]
día (m) de fiesta	feriado (m)	[fe'rjadu]
celebrar (vt)	festejar (vt)	[feste'ʒar]

evento (m)	evento (m)	[e'větu]
medida (f)	evento (m)	[e'větu]
banquete (m)	banquete (m)	[bã'ketʃi]
recepción (f)	recepção (f)	[hesep'sãw]
festín (m)	festim (m)	[fes'tʃĩ]

aniversario (m)	aniversário (m)	[aniver'sarju]
jubileo (m)	jubileu (m)	[ʒubi'lew]

Año (m) Nuevo	Ano (m) Novo	['anu 'novu]
¡Feliz Año Nuevo!	Feliz Ano Novo!	[fe'liz 'anu 'novu]
Papá Noel (m)	Papai Noel (m)	[pa'paj nɔ'ɛl]

Navidad (f)	Natal (m)	[na'taw]
¡Feliz Navidad!	Feliz Natal!	[fe'liz na'taw]
árbol (m) de Navidad	árvore (f) de Natal	['arvori de na'taw]
fuegos (m pl) artificiales	fogos (m pl) de artifício	['fogus de artʃi'fisju]

boda (f)	casamento (m)	[kaza'mẽtu]
novio (m)	noivo (m)	['nojvu]
novia (f)	noiva (f)	['nojva]

invitar (vt)	convidar (vt)	[kõvi'dar]
tarjeta (f) de invitación	convite (m)	[kõ'vitʃi]

invitado (m)	convidado (m)	[kõvi'dadu]
visitar (vt) (a los amigos)	visitar (vt)	[vizi'tar]
recibir a los invitados	receber os convidados	[hese'ber us kõvi'dadus]

regalo (m)	presente (m)	[pre'zẽtʃi]
regalar (vt)	oferecer, dar (vt)	[ofere'ser], [dar]
recibir regalos	receber presentes	[hese'ber pre'zẽtʃis]
ramo (m) de flores	buquê (m) de flores	[bu'ke de 'floris]

felicitación (f)	felicitações (f pl)	[felisita'sõjs]
felicitar (vt)	felicitar (vt)	[felisi'tar]

tarjeta (f) de felicitación	cartão (m) de parabéns	[kar'tãw de para'bẽjs]
enviar una tarjeta	enviar um cartão postal	[ẽ'vjar ũ kart'ãw pos'taw]
recibir una tarjeta	receber um cartão postal	[hese'ber ũ kart'ãw pos'taw]
brindis (m)	brinde (m)	['brĩdʒi]

| ofrecer (~ una copa) | oferecer (vt) | [ofere'ser] |
| champaña (f) | champanhe (m) | [ʃã'paɲi] |

divertirse (vr)	divertir-se (vr)	[dʒiver'tʃirsi]
diversión (f)	diversão (f)	[dʒiver'sãw]
alegría (f) (emoción)	alegria (f)	[ale'gria]

| baile (m) | dança (f) | ['dãsa] |
| bailar (vi, vt) | dançar (vi) | [dã'sar] |

| vals (m) | valsa (f) | ['vawsa] |
| tango (m) | tango (m) | ['tãgu] |

110. Los funerales. El entierro

cementerio (m)	cemitério (m)	[semi'tɛrju]
tumba (f)	sepultura (f), túmulo (m)	[sepuw'tura], ['tumulu]
cruz (f)	cruz (f)	[kruz]
lápida (f)	lápide (f)	['lapidʒi]
verja (f)	cerca (f)	['serka]
capilla (f)	capela (f)	[ka'pɛla]

muerte (f)	morte (f)	['mɔrtʃi]
morir (vi)	morrer (vi)	[mo'her]
difunto (m)	defunto (m)	[de'fũtu]
luto (m)	luto (m)	['lutu]

enterrar (vt)	enterrar, sepultar (vt)	[ẽte'har], [sepuw'tar]
funeraria (f)	casa (f) funerária	['kaza fune'raria]
entierro (m)	funeral (m)	[fune'raw]

corona (f) funeraria	coroa (f) de flores	[ko'roa de 'flɔris]
ataúd (m)	caixão (m)	[kaɪ'ʃãw]
coche (m) fúnebre	carro (m) funerário	['kaho fune'rarju]
mortaja (f)	mortalha (f)	[mor'taʎa]

cortejo (m) fúnebre	procissão (f) funerária	[prosi'sãw fune'rarja]
urna (f) funeraria	urna (f) funerária	['urna fune'rarja]
crematorio (m)	crematório (m)	[krema'tɔrju]

necrología (f)	obituário (m), necrologia (f)	[obi'twarju], [nekrolo'ʒia]
llorar (vi)	chorar (vi)	[ʃo'rar]
sollozar (vi)	soluçar (vi)	[solu'sar]

111. La guerra. Los soldados

sección (f)	pelotão (m)	[pelo'tãw]
compañía (f)	companhia (f)	[kõpa'ɲia]
regimiento (m)	regimento (m)	[heʒi'mẽtu]
ejército (m)	exército (m)	[e'zɛrsitu]
división (f)	divisão (f)	[dʒivi'zãw]
destacamento (m)	esquadrão (m)	[iskwa'drãw]

hueste (f)	hoste (f)	['ɔste]
soldado (m)	soldado (m)	[sow'dadu]
oficial (m)	oficial (m)	[ofi'sjaw]
soldado (m) raso	soldado (m) raso	[sow'dadu 'hazu]
sargento (m)	sargento (m)	[sar'ʒẽtu]
teniente (m)	tenente (m)	[te'nẽtʃi]
capitán (m)	capitão (m)	[kapi'tãw]
mayor (m)	major (m)	[ma'ʒɔr]
coronel (m)	coronel (m)	[koro'nɛw]
general (m)	general (m)	[ʒene'raw]
marino (m)	marujo (m)	[ma'ruʒu]
capitán (m)	capitão (m)	[kapi'tãw]
contramaestre (m)	contramestre (m)	[kõtra'mɛstri]
artillero (m)	artilheiro (m)	[artʃi'ʎejru]
paracaidista (m)	soldado (m) paraquedista	[sow'dadu parake'dʒista]
piloto (m)	piloto (m)	[pi'lotu]
navegador (m)	navegador (m)	[navega'dor]
mecánico (m)	mecânico (m)	[me'kaniku]
zapador (m)	sapador-mineiro (m)	[sapa'dor-mi'nejru]
paracaidista (m)	paraquedista (m)	[parake'dʒista]
explorador (m)	explorador (m)	[isplora'dor]
francotirador (m)	atirador (m) de tocaia	[atʃira'dor de to'kaja]
patrulla (f)	patrulha (f)	[pa'truʎa]
patrullar (vi, vt)	patrulhar (vt)	[patru'ʎar]
centinela (m)	sentinela (f)	[sẽtʃi'nɛla]
guerrero (m)	guerreiro (m)	[ge'hejru]
patriota (m)	patriota (m)	[pa'trjɔta]
héroe (m)	herói (m)	[e'rɔj]
heroína (f)	heroína (f)	[ero'ina]
traidor (m)	traidor (m)	[traj'dor]
traicionar (vt)	trair (vt)	[tra'ir]
desertor (m)	desertor (m)	[dezer'tor]
desertar (vi)	desertar (vt)	[deser'tar]
mercenario (m)	mercenário (m)	[merse'narju]
recluta (m)	recruta (m)	[he'kruta]
voluntario (m)	voluntário (m)	[volũ'tarju]
muerto (m)	morto (m)	['mortu]
herido (m)	ferido (m)	[fe'ridu]
prisionero (m)	prisioneiro (m) de guerra	[prizjo'nejru de 'gɛha]

112. La guerra. El ámbito militar. Unidad 1

guerra (f)	guerra (f)	['gɛha]
estar en guerra	guerrear (vt)	[ge'hjar]

guerra (f) civil	guerra (f) civil	['gɛha si'viw]
pérfidamente (adv)	perfidamente	[perfida'mẽtʃi]
declaración (f) de guerra	declaração (f) de guerra	[deklara'sãw de 'gɛha]
declarar (~ la guerra)	declarar guerra	[dekla'rar 'gɛha]
agresión (f)	agressão (f)	[agre'sãw]
atacar (~ a un país)	atacar (vt)	[ata'kar]
invadir (vt)	invadir (vt)	[ĩva'dʒir]
invasor (m)	invasor (m)	[ĩva'zor]
conquistador (m)	conquistador (m)	[kõkista'dor]
defensa (f)	defesa (f)	[de'feza]
defender (vt)	defender (vt)	[defẽ'der]
defenderse (vr)	defender-se (vr)	[defẽ'dersi]
enemigo (m)	inimigo (m)	[ini'migu]
adversario (m)	adversário (m)	[adʒiver'sarju]
enemigo (adj)	inimigo	[ini'migu]
estrategia (f)	estratégia (f)	[istra'tɛʒa]
táctica (f)	tática (f)	['tatʃika]
orden (f)	ordem (f)	['ordẽ]
comando (m)	comando (m)	[ko'mãdu]
ordenar (vt)	ordenar (vt)	[orde'nar]
misión (f)	missão (f)	[mi'sãw]
secreto (adj)	secreto	[se'krɛtu]
batalla (f)	batalha (f)	[ba'taʎa]
combate (m)	combate (m)	[kõ'batʃi]
ataque (m)	ataque (m)	[a'taki]
asalto (m)	assalto (m)	[a'sawtu]
tomar por asalto	assaltar (vt)	[asaw'tar]
asedio (m), sitio (m)	assédio, sítio (m)	[a'sɛdʒu], ['sitʃju]
ofensiva (f)	ofensiva (f)	[ɔfẽ'siva]
tomar la ofensiva	tomar à ofensiva	[to'mar a ofẽ'siva]
retirada (f)	retirada (f)	[hetʃi'rada]
retirarse (vr)	retirar-se (vr)	[hetʃi'rarse]
envolvimiento (m)	cerco (m)	['serku]
cercar (vt)	cercar (vt)	[ser'kar]
bombardeo (m)	bombardeio (m)	[bõbar'deju]
lanzar una bomba	lançar uma bomba	[lã'sar 'uma 'bõba]
bombear (vt)	bombardear (vt)	[bõbar'dʒjar]
explosión (f)	explosão (f)	[isplo'zãw]
tiro (m), disparo (m)	tiro (m)	['tʃiru]
disparar (vi)	dar um tiro	[dar ũ 'tʃiru]
tiro (m) (de artillería)	tiroteio (m)	[tʃiro'teju]
apuntar a …	apontar para …	[apõ'tar 'para]
encarar (apuntar)	apontar (vt)	[apõ'tar]

alcanzar (el objetivo)	acertar (vt)	[aser'tar]
hundir (vt)	afundar (vt)	[afũ'dar]
brecha (f) (~ en el casco)	brecha (f)	['brɛʃa]
hundirse (vr)	afundar-se (vr)	[afũ'darse]
frente (m)	frente (m)	['frẽtʃi]
evacuación (f)	evacuação (f)	[evakwa'sãw]
evacuar (vt)	evacuar (vt)	[eva'kwar]
trinchera (f)	trincheira (f)	[trĩ'ʃejra]
alambre (m) de púas	arame (m) enfarpado	[a'rami ẽfar'padu]
barrera (f) (~ antitanque)	barreira (f) anti-tanque	[ba'hejra ãtʃi-'tãki]
torre (f) de vigilancia	torre (f) de vigia	['tohi de vi'ʒia]
hospital (m)	hospital (m) militar	[ospi'taw mili'tar]
herir (vt)	ferir (vt)	[fe'rir]
herida (f)	ferida (f)	[fe'rida]
herido (m)	ferido (m)	[fe'ridu]
recibir una herida	ficar ferido	[fi'kar fe'ridu]
grave (herida)	grave	['gravi]

113. La guerra. El ámbito militar. Unidad 2

cautiverio (m)	cativeiro (m)	[katʃi'vejru]
capturar (vt)	capturar (vt)	[kaptu'rar]
estar en cautiverio	estar em cativeiro	[is'tar ẽ katʃi'vejru]
caer prisionero	ser aprisionado	[ser aprizjo'nadu]
campo (m) de concentración	campo (m) de concentração	['kãpu de kõsẽtra'sãw]
prisionero (m)	prisioneiro (m) de guerra	[prizjo'nejru de 'gɛha]
escapar (de cautiverio)	escapar (vi)	[iska'par]
traicionar (vt)	trair (vt)	[tra'ir]
traidor (m)	traidor (m)	[traj'dor]
traición (f)	traição (f)	[traj'sãw]
fusilar (vt)	fuzilar, executar (vt)	[fuzi'lar], [ezeku'tar]
fusilamiento (m)	fuzilamento (m)	[fuzila'mẽtu]
equipo (m) (uniforme, etc.)	equipamento (m)	[ekipa'mẽtu]
hombrera (f)	insígnia (f) de ombro	[ĩ'signia de 'õbru]
máscara (f) antigás	máscara (f) de gás	['maskara de gajs]
radio transmisor (m)	rádio (m)	['hadʒju]
cifra (f) (código)	cifra (f), código (m)	['sifra], ['kɔdʒigu]
conspiración (f)	conspiração (f)	[kõspira'sãw]
contraseña (f)	senha (f)	['sɛɲa]
mina (f) terrestre	mina (f)	['mina]
minar (poner minas)	minar (vt)	[mi'nar]
campo (m) minado	campo (m) minado	['kãpu mi'nadu]
alarma (f) aérea	alarme (m) aéreo	[a'larmi a'erju]
alarma (f)	alarme (m)	[a'larmi]

señal (f)	sinal (m)	[si'naw]
cohete (m) de señales	sinalizador (m)	[sinaliza'dor]
estado (m) mayor	quartel-general (m)	[kwar'tɛw ʒene'raw]
reconocimiento (m)	reconhecimento (m)	[hekoɲesi'mẽtu]
situación (f)	situação (f)	[sitwa'sãw]
informe (m)	relatório (m)	[hela'tɔrju]
emboscada (f)	emboscada (f)	[ẽbos'kada]
refuerzo (m)	reforço (m)	[he'forsu]
blanco (m)	alvo (m)	['awvu]
terreno (m) de prueba	campo (m) de tiro	['kãpu de 'tʃiru]
maniobras (f pl)	manobras (f pl)	[ma'nɔbras]
pánico (m)	pânico (m)	['paniku]
devastación (f)	devastação (f)	[devasta'sãw]
destrucciones (f pl)	ruínas (f pl)	['hwinas]
destruir (vt)	destruir (vt)	[dʒis'trwir]
sobrevivir (vi, vt)	sobreviver (vi)	[sobrivi'ver]
desarmar (vt)	desarmar (vt)	[dʒizar'mar]
manejar (un arma)	manusear (vt)	[manu'zjar]
¡Firmes!	Sentido!	[sẽ'tʃidu]
¡Descanso!	Descansar!	[dʒiskã'sar]
hazaña (f)	façanha (f)	[fa'saɲa]
juramento (m)	juramento (m)	[ʒura'mẽtu]
jurar (vt)	jurar (vi)	[ʒu'rar]
condecoración (f)	condecoração (f)	[kõdekora'sãw]
condecorar (vt)	condecorar (vt)	[kõdeko'rar]
medalla (f)	medalha (f)	[me'daʎa]
orden (m) (~ de Merito)	ordem (f)	['ordẽ]
victoria (f)	vitória (f)	[vi'tɔrja]
derrota (f)	derrota (f)	[de'hɔta]
armisticio (m)	armistício (m)	[armis'tʃisju]
bandera (f)	bandeira (f)	[bã'dejra]
gloria (f)	glória (f)	['glɔrja]
desfile (m) militar	parada (f)	[pa'rada]
marchar (desfilar)	marchar (vi)	[mar'ʃar]

114. Las armas

arma (f)	arma (f)	['arma]
arma (f) de fuego	arma (f) de fogo	['arma de 'fogu]
arma (f) blanca	arma (f) branca	['arma 'brãka]
arma (f) química	arma (f) química	['arma 'kimika]
nuclear (adj)	nuclear	[nu'kljar]
arma (f) nuclear	arma (f) nuclear	['arma nu'kljar]
bomba (f)	bomba (f)	['bõba]

bomba (f) atómica	bomba (f) atômica	['bõba a'tomika]
pistola (f)	pistola (f)	[pis'tɔla]
fusil (m)	rifle (m)	['hifli]
metralleta (f)	semi-automática (f)	[semi-awto'matʃika]
ametralladora (f)	metralhadora (f)	[metraʎa'dora]
boca (f)	boca (f)	['boka]
cañón (m) (del arma)	cano (m)	['kanu]
calibre (m)	calibre (m)	[ka'libri]
gatillo (m)	gatilho (m)	[ga'tʃiʎu]
alza (f)	mira (f)	['mira]
cargador (m)	carregador (m)	[kahega'dor]
culata (f)	coronha (f)	[ko'rɔɲa]
granada (f) de mano	granada (f) de mão	[gra'nada de mãw]
explosivo (m)	explosivo (m)	[isplo'zivu]
bala (f)	bala (f)	['bala]
cartucho (m)	cartucho (m)	[kar'tuʃu]
carga (f)	carga (f)	['karga]
pertrechos (m pl)	munições (f pl)	[muni'sõjs]
bombardero (m)	bombardeiro (m)	[bõbar'dejru]
avión (m) de caza	avião (m) de caça	[a'vjãw de 'kasa]
helicóptero (m)	helicóptero (m)	[eli'kɔpteru]
antiaéreo (m)	canhão (m) antiaéreo	[ka'ɲãw ãtʃja'ɛrju]
tanque (m)	tanque (m)	['tãki]
cañón (m) (de un tanque)	canhão (m)	[ka'ɲãw]
artillería (f)	artilharia (f)	[artʃiʎa'ria]
cañón (m) (arma)	canhão (m)	[ka'ɲãw]
dirigir (un misil, etc.)	fazer a pontaria	[fa'zer a põta'ria]
mortero (m)	morteiro (m)	[mor'tejru]
bomba (f) de mortero	granada (f) de morteiro	[gra'nada de mor'tejru]
obús (m)	projétil (m)	[pro'ʒɛtʃiw]
trozo (m) de obús	estilhaço (m)	[istʃi'ʎasu]
submarino (m)	submarino (m)	[subma'rinu]
torpedo (m)	torpedo (m)	[tor'pedu]
misil (m)	míssil (m)	['misiw]
cargar (pistola)	carregar (vt)	[kahe'gar]
tirar (vi)	disparar, atirar (vi)	[dʒispa'rar], [atʃi'rar]
apuntar a ...	apontar para ...	[apõ'tar 'para]
bayoneta (f)	baioneta (f)	[bajo'neta]
espada (f) (duelo a ~)	espada (f)	[is'pada]
sable (m)	sabre (m)	['sabri]
lanza (f)	lança (f)	['lãsa]
arco (m)	arco (m)	['arku]
flecha (f)	flecha (f)	['flɛʃa]
mosquete (m)	mosquete (m)	[mos'ketʃi]
ballesta (f)	besta (f)	['besta]

115. Los pueblos antiguos

primitivo (adj)	primitivo	[primi'tʃivu]
prehistórico (adj)	pré-histórico	[prɛ-is'tɔriku]
antiguo (adj)	antigo	[ã'tʃigu]
Edad (f) de Piedra	Idade (f) da Pedra	[i'daʤi da 'pɛdra]
Edad (f) de Bronce	Idade (f) do Bronze	[i'daʤi du 'brõzi]
Edad (f) de Hielo	Era (f) do Gelo	['ɛra du 'ʒelu]
tribu (f)	tribo (f)	['tribu]
caníbal (m)	canibal (m)	[kani'baw]
cazador (m)	caçador (m)	[kasa'dor]
cazar (vi, vt)	caçar (vi)	[ka'sar]
mamut (m)	mamute (m)	[ma'mutʃi]
caverna (f)	caverna (f)	[ka'vɛrna]
fuego (m)	fogo (m)	['fogu]
hoguera (f)	fogueira (f)	[fo'gejra]
pintura (f) rupestre	pintura (f) rupestre	[pĩ'tura hu'pɛstri]
herramienta (f), útil (m)	ferramenta (f)	[feha'mẽta]
lanza (f)	lança (f)	['lãsa]
hacha (f) de piedra	machado (m) de pedra	[ma'ʃadu de 'pɛdra]
estar en guerra	guerrear (vt)	[ge'hjar]
domesticar (vt)	domesticar (vt)	[domestʃi'kar]
ídolo (m)	ídolo (m)	['idolu]
adorar (vt)	adorar, venerar (vt)	[ado'rar], [vene'rar]
superstición (f)	superstição (f)	[superstʃi'sãw]
rito (m)	ritual (m)	[hi'twaw]
evolución (f)	evolução (f)	[evolu'sãw]
desarrollo (m)	desenvolvimento (m)	[ʤizẽvowvi'mẽtu]
desaparición (f)	extinção (f)	[istʃi'sãw]
adaptarse (vr)	adaptar-se (vr)	[adap'tarse]
arqueología (f)	arqueologia (f)	[arkjolo'ʒia]
arqueólogo (m)	arqueólogo (m)	[ar'kjɔlogu]
arqueológico (adj)	arqueológico	[arkjo'lɔʒiku]
sitio (m) de excavación	escavação (f)	[iskava'sãw]
excavaciones (f pl)	escavações (f pl)	[iskava'sõjs]
hallazgo (m)	achado (m)	[a'ʃadu]
fragmento (m)	fragmento (m)	[frag'mẽtu]

116. La Edad Media

pueblo (m)	povo (m)	['povu]
pueblos (m pl)	povos (m pl)	['pɔvus]
tribu (f)	tribo (f)	['tribu]
tribus (f pl)	tribos (f pl)	['tribus]
bárbaros (m pl)	bárbaros (pl)	['barbarus]

galos (m pl)	gauleses (pl)	[gaw'lezes]
godos (m pl)	godos (pl)	['godus]
eslavos (m pl)	eslavos (pl)	[iʃ'lavus]
vikingos (m pl)	viquingues (pl)	['vikĩgis]

| romanos (m pl) | romanos (pl) | [ho'manus] |
| romano (adj) | romano | [ho'manu] |

bizantinos (m pl)	bizantinos (pl)	[bizã'tʃinus]
Bizancio (m)	Bizâncio	[bi'zãsju]
bizantino (adj)	bizantino	[bizã'tʃinu]

emperador (m)	imperador (m)	[ĩpera'dor]
jefe (m)	líder (m)	['lider]
poderoso (adj)	poderoso	[pode'rozu]
rey (m)	rei (m)	[hej]
gobernador (m)	governante (m)	[gover'nãtʃi]

caballero (m)	cavaleiro (m)	[kava'lejru]
señor (m) feudal	senhor feudal (m)	[se'ɲor few'daw]
feudal (adj)	feudal	[few'daw]
vasallo (m)	vassalo (m)	[va'salu]

duque (m)	duque (m)	['duki]
conde (m)	conde (m)	['kõdʒi]
barón (m)	barão (m)	[ba'rãw]
obispo (m)	bispo (m)	['bispu]

armadura (f)	armadura (f)	[arma'dura]
escudo (m)	escudo (m)	[is'kudu]
espada (f) (danza de ~s)	espada (f)	[is'pada]
visera (f)	viseira (f)	[vi'zejra]
cota (f) de malla	cota (f) de malha	['kɔta de 'maʎa]

| cruzada (f) | cruzada (f) | [kru'zada] |
| cruzado (m) | cruzado (m) | [kru'zadu] |

territorio (m)	território (m)	[tehi'tɔrju]
atacar (~ a un país)	atacar (vt)	[ata'kar]
conquistar (vt)	conquistar (vt)	[kõkis'tar]
ocupar (invadir)	ocupar, invadir (vt)	[oku'parsi], [ĩva'dʒir]

asedio (m), sitio (m)	assédio, sítio (m)	[a'sɛdʒu], ['sitʃju]
sitiado (adj)	sitiado	[si'tʃjadu]
asediar, sitiar (vt)	assediar, sitiar (vt)	[ase'dʒjar], [si'tʃjar]

inquisición (f)	inquisição (f)	[ĩkizi'sãw]
inquisidor (m)	inquisidor (m)	[ĩkizi'dor]
tortura (f)	tortura (f)	[tor'tura]
cruel (adj)	cruel	[kru'ɛw]
hereje (m)	herege (m)	[e'reʒi]
herejía (f)	heresia (f)	[ere'zia]

navegación (f) marítima	navegação (f) marítima	[navega'sãw ma'ritʃima]
pirata (m)	pirata (m)	[pi'rata]
piratería (f)	pirataria (f)	[pirata'ria]

abordaje (m)	abordagem (f)	[abor'daʒẽ]
botín (m)	presa (f), butim (m)	['preza], [bu'tʃĩ]
tesoros (m pl)	tesouros (m pl)	[te'zorus]
descubrimiento (m)	descobrimento (m)	[dʒiskobri'mẽtu]
descubrir (tierras nuevas)	descobrir (vt)	[dʒisko'brir]
expedición (f)	expedição (f)	[ispedʒi'sãw]
mosquetero (m)	mosqueteiro (m)	[moske'tejru]
cardenal (m)	cardeal (m)	[kar'dʒjaw]
heráldica (f)	heráldica (f)	[e'rawdʒika]
heráldico (adj)	heráldico	[e'rawdʒiku]

117. El líder. El jefe. Las autoridades

rey (m)	rei (m)	[hej]
reina (f)	rainha (f)	[ha'iɲa]
real (adj)	real	[he'aw]
reino (m)	reino (m)	['hejnu]
príncipe (m)	príncipe (m)	['prĩsipi]
princesa (f)	princesa (f)	[prĩ'seza]
presidente (m)	presidente (m)	[prezi'dẽtʃi]
vicepresidente (m)	vice-presidente (m)	['visi-prezi'dẽtʃi]
senador (m)	senador (m)	[sena'dor]
monarca (m)	monarca (m)	[mo'narka]
gobernador (m)	governante (m)	[gover'nãtʃi]
dictador (m)	ditador (m)	[dʒita'dor]
tirano (m)	tirano (m)	[tʃi'ranu]
magnate (m)	magnata (m)	[mag'nata]
director (m)	diretor (m)	[dʒire'tor]
jefe (m)	chefe (m)	['ʃɛfi]
gerente (m)	gerente (m)	[ʒe'rẽtʃi]
amo (m)	patrão (m)	[pa'trãw]
dueño (m)	dono (m)	['donu]
jefe (m) (~ de delegación)	chefe (m)	['ʃɛfi]
autoridades (f pl)	autoridades (f pl)	[awtori'dadʒis]
superiores (m pl)	superiores (m pl)	[supe'rjores]
gobernador (m)	governador (m)	[governa'dor]
cónsul (m)	cônsul (m)	['kõsuw]
diplomático (m)	diplomata (m)	[dʒiplo'mata]
alcalde (m)	Presidente (m) da Câmara	[prezi'dẽtʃi da 'kamara]
sheriff (m)	xerife (m)	[ʃe'rifi]
emperador (m)	imperador (m)	[ĩpera'dor]
zar (m)	czar (m)	['kzar]
faraón (m)	faraó (m)	[fara'ɔ]
jan (m), kan (m)	cã, khan (m)	[kã]

118. Violar la ley. Los criminales. Unidad 1

bandido (m)	bandido (m)	[bã'dʒidu]
crimen (m)	crime (m)	['krimi]
criminal (m)	criminoso (m)	[krimi'nozu]
ladrón (m)	ladrão (m)	[la'drãw]
robar (vt)	roubar (vt)	[ho'bar]
robo (m) (actividad)	furto (m)	['furtu]
robo (m) (hurto)	furto (m)	['furtu]
secuestrar (vt)	raptar, sequestrar (vt)	[hap'tar], [sekwes'trar]
secuestro (m)	sequestro (m)	[se'kwɛstru]
secuestrador (m)	sequestrador (m)	[sekwestra'dor]
rescate (m)	resgate (m)	[hez'gatʃi]
exigir un rescate	pedir resgate	[pe'dʒir hez'gatʃi]
robar (vt)	roubar (vt)	[ho'bar]
robo (m)	assalto, roubo (m)	[a'sawtu], ['hobu]
atracador (m)	assaltante (m)	[asaw'tãtʃi]
extorsionar (vt)	extorquir (vt)	[istor'kir]
extorsionista (m)	extorsionário (m)	[istorsjo'narju]
extorsión (f)	extorsão (f)	[istor'sãw]
matar, asesinar (vt)	matar, assassinar (vt)	[ma'tar], [asasi'nar]
asesinato (m)	homicídio (m)	[omi'sidʒju]
asesino (m)	homicida, assassino (m)	[ɔmi'sida], [asa'sinu]
tiro (m), disparo (m)	tiro (m)	['tʃiru]
disparar (vi)	dar um tiro	[dar ũ 'tʃiru]
matar (a tiros)	matar a tiro	[ma'tar a 'tʃiru]
tirar (vi)	disparar, atirar (vi)	[dʒispa'rar], [atʃi'rar]
tiroteo (m)	tiroteio (m)	[tʃiro'teju]
incidente (m)	incidente (m)	[ĩsi'dẽtʃi]
pelea (f)	briga (f)	['briga]
¡Socorro!	Socorro!	[so'kohu]
víctima (f)	vítima (f)	['vitʃima]
perjudicar (vt)	danificar (vt)	[danifi'kar]
daño (m)	dano (m)	['danu]
cadáver (m)	cadáver (m)	[ka'daver]
grave (un delito ~)	grave	['gravi]
atacar (vt)	atacar (vt)	[ata'kar]
pegar (golpear)	bater (vt)	[ba'ter]
apporear (vt)	espancar (vt)	[ispã'kar]
quitar (robar)	tirar (vt)	[tʃi'rar]
acuchillar (vt)	esfaquear (vt)	[isfaki'ar]
mutilar (vt)	mutilar (vt)	[mutʃi'lar]
herir (vt)	ferir (vt)	[fe'rir]
chantaje (m)	chantagem (f)	[ʃã'taʒẽ]
hacer chantaje	chantagear (vt)	[ʃãta'ʒjar]

chantajista (m)	chantagista (m)	[ʃãta'ʒista]
extorsión (f)	extorsão (f)	[istor'sãw]
extorsionador (m)	extorsionário (m)	[istorsjo'narju]
gángster (m)	gângster (m)	['gãŋster]
mafia (f)	máfia (f)	['mafja]

carterista (m)	punguista (m)	[pũ'gista]
ladrón (m) de viviendas	assaltante, ladrão (m)	[asaw'tãtʃi], [la'drãw]
contrabandismo (m)	contrabando (m)	[kõtra'bãdu]
contrabandista (m)	contrabandista (m)	[kõtrabã'dʒista]

falsificación (f)	falsificação (f)	[fawsifika'sãw]
falsificar (vt)	falsificar (vt)	[fawsifi'kar]
falso (falsificado)	falsificado	[fawsifi'kadu]

119. Violar la ley. Los criminales. Unidad 2

violación (f)	estupro (m)	[is'tupru]
violar (vt)	estuprar (vt)	[istu'prar]
violador (m)	estuprador (m)	[istupra'dor]
maniaco (m)	maníaco (m)	[ma'niaku]

prostituta (f)	prostituta (f)	[prostʃi'tuta]
prostitución (f)	prostituição (f)	[prostʃitwi'sãw]
chulo (m), proxeneta (m)	cafetão (m)	[kafe'tãw]

| drogadicto (m) | drogado (m) | [dro'gadu] |
| narcotraficante (m) | traficante (m) | [trafi'kãtʃi] |

hacer explotar	explodir (vt)	[isplo'dʒir]
explosión (f)	explosão (f)	[isplo'zãw]
incendiar (vt)	incendiar (vt)	[ĩsẽ'dʒjar]
incendiario (m)	incendiário (m)	[ĩsẽ'dʒjarju]

terrorismo (m)	terrorismo (m)	[teho'rizmu]
terrorista (m)	terrorista (m)	[teho'rista]
rehén (m)	refém (m)	[he'fẽ]

estafar (vt)	enganar (vt)	[ẽga'nar]
estafa (f)	engano (m)	[ẽ'gãnu]
estafador (m)	vigarista (m)	[viga'rista]

sobornar (vt)	subornar (vt)	[subor'nar]
soborno (m) (delito)	suborno (m)	[su'bornu]
soborno (m) (dinero, etc.)	suborno (m)	[su'bornu]

veneno (m)	veneno (m)	[ve'nɛnu]
envenenar (vt)	envenenar (vt)	[ẽvene'nar]
envenenarse (vr)	envenenar-se (vr)	[ẽvene'narsi]

suicidio (m)	suicídio (m)	[swi'sidʒju]
suicida (m, f)	suicida (m)	[swi'sida]
amenazar (vt)	ameaçar (vt)	[amea'sar]
amenaza (f)	ameaça (f)	[ame'asa]

atentar (vi)	atentar contra a vida de ...	[atẽ'tar 'kõtra a 'vida de]
atentado (m)	atentado (m)	[atẽ'tadu]
robar (un coche)	roubar (vt)	[ho'bar]
secuestrar (un avión)	sequestrar (vt)	[sekwes'trar]
venganza (f)	vingança (f)	[vĩ'gãsa]
vengar (vt)	vingar (vt)	[vĩ'gar]
torturar (vt)	torturar (vt)	[tortu'rar]
tortura (f)	tortura (f)	[tor'tura]
atormentar (vt)	atormentar (vt)	[atormẽ'tar]
pirata (m)	pirata (m)	[pi'rata]
gamberro (m)	desordeiro (m)	[dʒizor'dejru]
armado (adj)	armado	[ar'madu]
violencia (f)	violência (f)	[vjo'lẽsja]
ilegal (adj)	ilegal	[ile'gaw]
espionaje (m)	espionagem (f)	[ispio'naʒẽ]
espiar (vi, vt)	espionar (vi)	[ispjo'nar]

120. La policía. La ley. Unidad 1

justicia (f)	justiça (f)	[ʒus'tʃisa]
tribunal (m)	tribunal (m)	[tribu'naw]
juez (m)	juiz (m)	[ʒwiz]
jurados (m pl)	jurados (m pl)	[ʒu'radus]
tribunal (m) de jurados	tribunal (m) do júri	[tribu'naw du 'ʒuri]
juzgar (vt)	julgar (vt)	[ʒuw'gar]
abogado (m)	advogado (m)	[adʒivo'gadu]
acusado (m)	réu (m)	['hɛw]
banquillo (m) de los acusados	banco (m) dos réus	['bãku dus hɛws]
inculpación (f)	acusação (f)	[akuza'sãw]
inculpado (m)	acusado (m)	[aku'zadu]
sentencia (f)	sentença (f)	[sẽ'tẽsa]
sentenciar (vt)	sentenciar (vt)	[sẽtẽ'sjar]
culpable (m)	culpado (m)	[kuw'padu]
castigar (vt)	punir (vt)	[pu'nir]
castigo (m)	punição (f)	[puni'sãw]
multa (f)	multa (f)	['muwta]
cadena (f) perpetua	prisão (f) perpétua	[pri'zãw per'pɛtwa]
pena (f) de muerte	pena (f) de morte	['pena de 'mɔrtʃi]
silla (f) eléctrica	cadeira (f) elétrica	[ka'dejra e'lɛtrika]
horca (f)	forca (f)	['forka]
ejecutar (vt)	executar (vt)	[ezeku'tar]
ejecución (f)	execução (f)	[ezeku'sãw]

| prisión (f) | prisão (f) | [pri'zãw] |
| celda (f) | cela (f) de prisão | ['sɛla de pri'zãw] |

escolta (f)	escolta (f)	[is'kɔwta]
guardia (m) de prisiones	guarda (m) prisional	['gwarda prizjo'naw]
prisionero (m)	preso (m)	['prezu]

| esposas (f pl) | algemas (f pl) | [aw'ʒɛmas] |
| esposar (vt) | algemar (vt) | [awʒe'mar] |

escape (m)	fuga, evasão (f)	['fuga], [eva'zãw]
escaparse (vr)	fugir (vi)	[fu'ʒir]
desaparecer (vi)	desaparecer (vi)	[dʒizapare'ser]
liberar (vt)	soltar, libertar (vt)	[sow'tar], [liber'tar]
amnistía (f)	anistia (f)	[anis'tʃia]

policía (f) (~ nacional)	polícia (f)	[po'lisja]
policía (m)	polícia (m)	[po'lisja]
comisaría (f) de policía	delegacia (f) de polícia	[delega'sia de po'lisja]
porra (f)	cassetete (m)	[kase'tɛtʃi]
megáfono (m)	megafone (m)	[mega'fɔni]

coche (m) patrulla	carro (m) de patrulha	['kaho de pa'truʎa]
sirena (f)	sirene (f)	[si'rɛni]
poner la sirena	ligar a sirene	[li'gar a si'rɛni]
sonido (m) de sirena	toque (m) da sirene	['tɔki da si'rɛni]

escena (f) del delito	cena (f) do crime	['sɛna du 'krimi]
testigo (m)	testemunha (f)	[teste'muɲa]
libertad (f)	liberdade (f)	[liber'dadʒi]
cómplice (m)	cúmplice (m)	['kũplisi]
escapar de …	escapar (vi)	[iska'par]
rastro (m)	traço (m)	['trasu]

121. La policía. La ley. Unidad 2

búsqueda (f)	procura (f)	[pro'kura]
buscar (~ el criminal)	procurar (vt)	[proku'rar]
sospecha (f)	suspeita (f)	[sus'pejta]
sospechoso (adj)	suspeito	[sus'pejtu]
parar (~ en la calle)	parar (vt)	[pa'rar]
retener (vt)	deter (vt)	[de'ter]

causa (f) (~ penal)	caso (m)	['kazu]
investigación (f)	investigação (f)	[ĩvestʃiga'sãw]
detective (m)	detetive (m)	[dete'tʃivi]
investigador (m)	investigador (m)	[ĩvestʃiga'dor]
versión (f)	versão (f)	[ver'sãw]

motivo (m)	motivo (m)	[mo'tʃivu]
interrogatorio (m)	interrogatório (m)	[ĩtehoga'tɔrju]
interrogar (vt)	interrogar (vt)	[ĩteho'gar]
interrogar (al testigo)	questionar (vt)	[kestʃjo'nar]
control (m) (de vehículos, etc.)	verificação (f)	[verifika'sãw]

redada (f)	batida (f) policial	[ba'tʃida poli'sjaw]
registro (m) (~ de la casa)	busca (f)	['buska]
persecución (f)	perseguição (f)	[persegi'sãw]
perseguir (vt)	perseguir (vt)	[perse'gir]
rastrear (~ al criminal)	seguir, rastrear (vt)	[se'gir], [has'trjar]
arresto (m)	prisão (f)	[pri'zãw]
arrestar (vt)	prender (vt)	[prẽ'der]
capturar (vt)	pegar, capturar (vt)	[pe'gar], [kaptu'rar]
captura (f)	captura (f)	[kap'tura]
documento (m)	documento (m)	[doku'mẽtu]
prueba (f)	prova (f)	['prɔva]
probar (vt)	provar (vt)	[pro'var]
huella (f) (pisada)	pegada (f)	[pe'gada]
huellas (f pl) digitales	impressões (f pl) digitais	[impre'sõjs dʒiʒi'tajs]
elemento (m) de prueba	prova (f)	['prɔva]
coartada (f)	álibi (m)	['alibi]
inocente (no culpable)	inocente	[ino'sẽtʃi]
injusticia (f)	injustiça (f)	[ĩʒus'tʃisa]
injusto (adj)	injusto	[ĩ'ʒustu]
criminal (adj)	criminal	[krimi'naw]
confiscar (vt)	confiscar (vt)	[kõfis'kar]
narcótico (m)	droga (f)	['drɔga]
arma (f)	arma (f)	['arma]
desarmar (vt)	desarmar (vt)	[dʒizar'mar]
ordenar (vt)	ordenar (vt)	[orde'nar]
desaparecer (vi)	desaparecer (vi)	[dʒizapare'ser]
ley (f)	lei (f)	[lej]
legal (adj)	legal	[le'gaw]
ilegal (adj)	ilegal	[ile'gaw]
responsabilidad (f)	responsabilidade (f)	[hespõsabili'dadʒi]
responsable (adj)	responsável	[hespõ'savew]

LA NATURALEZA

La tierra. Unidad 1

122. El espacio

cosmos (m)	espaço, cosmo (m)	[is'pasu], ['kɔzmu]
espacial, cósmico (adj)	espacial, cósmico	[ispa'sjaw], ['kɔzmiku]
espacio (m) cósmico	espaço (m) cósmico	[is'pasu 'kɔzmiku]
mundo (m)	mundo (m)	['mũdu]
universo (m)	universo (m)	[uni'vɛrsu]
galaxia (f)	galáxia (f)	[ga'laksja]
estrella (f)	estrela (f)	[is'trela]
constelación (f)	constelação (f)	[kõstela'sãw]
planeta (m)	planeta (m)	[pla'neta]
satélite (m)	satélite (m)	[sa'tɛlitʃi]
meteorito (m)	meteorito (m)	[meteo'ritu]
cometa (m)	cometa (m)	[ko'meta]
asteroide (m)	asteroide (m)	[aste'rɔjdʒi]
órbita (f)	órbita (f)	['ɔrbita]
girar (vi)	girar (vi)	[ʒi'rar]
atmósfera (f)	atmosfera (f)	[atmos'fɛra]
Sol (m)	Sol (m)	[sɔw]
sistema (m) solar	Sistema (m) Solar	[sis'tɛma so'lar]
eclipse (m) de Sol	eclipse (m) solar	[e'klipsi so'lar]
Tierra (f)	Terra (f)	['tɛha]
Luna (f)	Lua (f)	['lua]
Marte (m)	Marte (m)	['martʃi]
Venus (f)	Vênus (f)	['venus]
Júpiter (m)	Júpiter (m)	['ʒupiter]
Saturno (m)	Saturno (m)	[sa'turnu]
Mercurio (m)	Mercúrio (m)	[mer'kurju]
Urano (m)	Urano (m)	[u'ranu]
Neptuno (m)	Netuno (m)	[ne'tunu]
Plutón (m)	Plutão (m)	[plu'tãw]
la Vía Láctea	Via Láctea (f)	['via 'laktja]
la Osa Mayor	Ursa Maior (f)	[ursa ma'jɔr]
la Estrella Polar	Estrela Polar (f)	[is'trela po'lar]
marciano (m)	marciano (m)	[mar'sjanu]
extraterrestre (m)	extraterrestre (m)	[estrate'hɛstri]

planetícola (m)	alienígena (m)	[aljeˈniʒena]
platillo (m) volante	disco (m) voador	[ˈdʒisku vwaˈdor]
nave (f) espacial	nave (f) espacial	[ˈnavi ispaˈsjaw]
estación (f) orbital	estação (f) orbital	[eʃtaˈsãw orbiˈtaw]
despegue (m)	lançamento (m)	[lãsaˈmẽtu]
motor (m)	motor (m)	[moˈtor]
tobera (f)	bocal (m)	[boˈkaw]
combustible (m)	combustível (m)	[kõbusˈtʃivew]
carlinga (f)	cabine (f)	[kaˈbini]
antena (f)	antena (f)	[ãˈtɛna]
ventana (f)	vigia (f)	[viˈʒia]
batería (f) solar	bateria (f) solar	[bateˈria soˈlar]
escafandra (f)	traje (m) espacial	[ˈtraʒi ispaˈsjaw]
ingravidez (f)	imponderabilidade (f)	[ĩpõderabiliˈdadʒi]
oxígeno (m)	oxigênio (m)	[oksiˈʒenju]
atraque (m)	acoplagem (f)	[akoˈplaʒẽ]
realizar el atraque	fazer uma acoplagem	[faˈzer ˈuma akoˈplaʒẽ]
observatorio (m)	observatório (m)	[observaˈtɔrju]
telescopio (m)	telescópio (m)	[teleˈskɔpju]
observar (vt)	observar (vt)	[obserˈvar]
explorar (~ el universo)	explorar (vt)	[isploˈrar]

123. La tierra

Tierra (f)	Terra (f)	[ˈtɛha]
globo (m) terrestre	globo (m) terrestre	[ˈglobu teˈhɛstri]
planeta (m)	planeta (m)	[plaˈneta]
atmósfera (f)	atmosfera (f)	[atmosˈfɛra]
geografía (f)	geografia (f)	[ʒeograˈfia]
naturaleza (f)	natureza (f)	[natuˈreza]
globo (m) terráqueo	globo (m)	[ˈglobu]
mapa (m)	mapa (m)	[ˈmapa]
atlas (m)	atlas (m)	[ˈatlas]
Europa (f)	Europa (f)	[ewˈrɔpa]
Asia (f)	Ásia (f)	[ˈazja]
África (f)	África (f)	[ˈafrika]
Australia (f)	Austrália (f)	[awsˈtralja]
América (f)	América (f)	[aˈmɛrika]
América (f) del Norte	América (f) do Norte	[aˈmɛrika du ˈnɔrtʃi]
América (f) del Sur	América (f) do Sul	[aˈmɛrika du suw]
Antártida (f)	Antártida (f)	[ãˈtartʃida]
Ártico (m)	Ártico (m)	[ˈartʃiku]

124. Los puntos cardinales

norte (m)	norte (m)	['nɔrtʃi]
al norte	para norte	['para 'nɔrtʃi]
en el norte	no norte	[nu 'nɔrtʃi]
del norte (adj)	do norte	[du 'nɔrtʃi]
sur (m)	sul (m)	[suw]
al sur	para sul	['para suw]
en el sur	no sul	[nu suw]
del sur (adj)	do sul	[du suw]
oeste (m)	oeste, ocidente (m)	['wɛstʃi], [osi'dẽtʃi]
al oeste	para oeste	['para 'wɛstʃi]
en el oeste	no oeste	[nu 'wɛstʃi]
del oeste (adj)	ocidental	[osidẽ'taw]
este (m)	leste, oriente (m)	['lɛstʃi], [o'rjẽtʃi]
al este	para leste	['para 'lɛstʃi]
en el este	no leste	[nu 'lɛstʃi]
del este (adj)	oriental	[orjẽ'taw]

125. El mar. El océano

mar (m)	mar (m)	[mah]
océano (m)	oceano (m)	[o'sjanu]
golfo (m)	golfo (m)	['gowfu]
estrecho (m)	estreito (m)	[is'trejtu]
tierra (f) firme	terra (f) firme	['tɛha 'firmi]
continente (m)	continente (m)	[kõtʃi'nẽtʃi]
isla (f)	ilha (f)	['iʎa]
península (f)	península (f)	[pe'nĩsula]
archipiélago (m)	arquipélago (m)	[arki'pɛlagu]
bahía (f)	baía (f)	[ba'ia]
ensenada, bahía (f)	porto (m)	['portu]
laguna (f)	lagoa (f)	[la'goa]
cabo (m)	cabo (m)	['kabu]
atolón (m)	atol (m)	[a'tɔw]
arrecife (m)	recife (m)	[he'sifi]
coral (m)	coral (m)	[ko'raw]
arrecife (m) de coral	recife (m) de coral	[he'sifi de ko'raw]
profundo (adj)	profundo	[pro'fũdu]
profundidad (f)	profundidade (f)	[profũdʒi'dadʒi]
abismo (m)	abismo (m)	[a'bizmu]
fosa (f) oceánica	fossa (f) oceânica	['fɔsa o'sjanika]
corriente (f)	corrente (f)	[ko'hẽtʃi]
bañar (rodear)	banhar (vt)	[ba'ɲar]
orilla (f)	litoral (m)	[lito'raw]

costa (f)	costa (f)	['kɔsta]
flujo (m)	maré (f) alta	[ma'rɛ 'awta]
reflujo (m)	refluxo (m)	[he'fluksu]
banco (m) de arena	restinga (f)	[hes'tʃĩga]
fondo (m)	fundo (m)	['fũdu]
ola (f)	onda (f)	['õda]
cresta (f) de la ola	crista (f) da onda	['krista da 'õda]
espuma (f)	espuma (f)	[is'puma]
tempestad (f)	tempestade (f)	[tẽpes'tadʒi]
huracán (m)	furacão (m)	[fura'kãw]
tsunami (m)	tsunami (m)	[tsu'nami]
bonanza (f)	calmaria (f)	[kawma'ria]
calmo, tranquilo	calmo	['kawmu]
polo (m)	polo (m)	['pɔlu]
polar (adj)	polar	[po'lar]
latitud (f)	latitude (f)	[latʃi'tudʒi]
longitud (f)	longitude (f)	[lõʒi'tudʒi]
paralelo (m)	paralela (f)	[para'lɛla]
ecuador (m)	equador (m)	[ekwa'dor]
cielo (m)	céu (m)	[sɛw]
horizonte (m)	horizonte (m)	[ori'zõtʃi]
aire (m)	ar (m)	[ar]
faro (m)	farol (m)	[fa'rɔw]
bucear (vi)	mergulhar (vi)	[merguʎar]
hundirse (vr)	afundar-se (vr)	[afũ'darse]
tesoros (m pl)	tesouros (m pl)	[te'zorus]

126. Los nombres de los mares y los océanos

océano (m) Atlántico	Oceano (m) Atlântico	[o'sjanu at'lãtʃiku]
océano (m) Índico	Oceano (m) Índico	[o'sjanu 'ĩdiku]
océano (m) Pacífico	Oceano (m) Pacífico	[o'sjanu pa'sifiku]
océano (m) Glacial Ártico	Oceano (m) Ártico	[o'sjanu 'artʃiku]
mar (m) Negro	Mar (m) Negro	[mah 'negru]
mar (m) Rojo	Mar (m) Vermelho	[mah ver'meʎu]
mar (m) Amarillo	Mar (m) Amarelo	[mah ama'rɛlu]
mar (m) Blanco	Mar (m) Branco	[mah 'brãku]
mar (m) Caspio	Mar (m) Cáspio	[mah 'kaspju]
mar (m) Muerto	Mar (m) Morto	[mah 'mortu]
mar (m) Mediterráneo	Mar (m) Mediterrâneo	[mah medʒite'hanju]
mar (m) Egeo	Mar (m) Egeu	[mah e'ʒew]
mar (m) Adriático	Mar (m) Adriático	[mah a'drjatʃiku]
mar (m) Arábigo	Mar (m) Arábico	[mah a'rabiku]
mar (m) del Japón	Mar (m) do Japão	[mah du ʒa'pãw]

mar (m) de Bering	Mar (m) de Bering	[mah de berĩgi]
mar (m) de la China Meridional	Mar (m) da China Meridional	[mah da 'ʃina meriʤo'naw]
mar (m) del Coral	Mar (m) de Coral	[mah de ko'raw]
mar (m) de Tasmania	Mar (m) de Tasman	[mah de tazman]
mar (m) Caribe	Mar (m) do Caribe	[mah du ka'ribi]
mar (m) de Barents	Mar (m) de Barents	[mah de barẽts]
mar (m) de Kara	Mar (m) de Kara	[mah de 'kara]
mar (m) del Norte	Mar (m) do Norte	[mah du 'nɔrtʃi]
mar (m) Báltico	Mar (m) Báltico	[mah 'bawtʃiku]
mar (m) de Noruega	Mar (m) da Noruega	[mah da nor'wɛga]

127. Las montañas

montaña (f)	montanha (f)	[mõ'taɲa]
cadena (f) de montañas	cordilheira (f)	[korʤi'ʎejra]
cresta (f) de montañas	serra (f)	['sɛha]
cima (f)	cume (m)	['kumi]
pico (m)	pico (m)	['piku]
pie (m)	pé (m)	[pɛ]
cuesta (f)	declive (m)	[de'klivi]
volcán (m)	vulcão (m)	[vuw'kãw]
volcán (m) activo	vulcão (m) ativo	[vuw'kãw a'tʃivu]
volcán (m) apagado	vulcão (m) extinto	[vuw'kãw is'tʃĩtu]
erupción (f)	erupção (f)	[erup'sãw]
cráter (m)	cratera (f)	[kra'tɛra]
magma (m)	magma (m)	['magma]
lava (f)	lava (f)	['lava]
fundido (lava ~a)	fundido	[fũ'ʤidu]
cañón (m)	cânion, desfiladeiro (m)	['kanjon], [ʤisfila'dejru]
desfiladero (m)	garganta (f)	[gar'gãta]
grieta (f)	fenda (f)	['fẽda]
precipicio (m)	precipício (m)	[presi'pisju]
puerto (m) (paso)	passo, colo (m)	['pasu], ['kɔlu]
meseta (f)	planalto (m)	[pla'nawtu]
roca (f)	falésia (f)	[fa'lɛzja]
colina (f)	colina (f)	[ko'lina]
glaciar (m)	geleira (f)	[ʒe'lejra]
cascada (f)	cachoeira (f)	[kaʃ'wejra]
géiser (m)	gêiser (m)	['ʒɛjzer]
lago (m)	lago (m)	['lagu]
llanura (f)	planície (f)	[pla'nisi]
paisaje (m)	paisagem (f)	[paj'zaʒẽ]
eco (m)	eco (m)	['ɛku]

alpinista (m)	alpinista (m)	[awpi'nista]
escalador (m)	escalador (m)	[iskala'dor]
conquistar (vt)	conquistar (vt)	[kõkis'tar]
ascensión (f)	subida, escalada (f)	[su'bida], [iska'lada]

128. Los nombres de las montañas

Alpes (m pl)	Alpes (m pl)	['awpis]
Montblanc (m)	Monte Branco (m)	['mõtʃi 'brãku]
Pirineos (m pl)	Pirineus (m pl)	[piri'news]
Cárpatos (m pl)	Cárpatos (m pl)	['karpatus]
Urales (m pl)	Urais (m pl)	[u'rajs]
Cáucaso (m)	Cáucaso (m)	['kawkazu]
Elbrus (m)	Elbrus (m)	[el'brus]
Altai (m)	Altai (m)	[al'taj]
Tian-Shan (m)	Tian Shan (m)	[tjan ʃan]
Pamir (m)	Pamir (m)	[pa'mir]
Himalayos (m pl)	Himalaia (m)	[ima'laja]
Everest (m)	monte Everest (m)	['mõtʃi eve'rest]
Andes (m pl)	Cordilheira (f) dos Andes	[kordʒi'ʎejra dus 'ãdʒis]
Kilimanjaro (m)	Kilimanjaro (m)	[kilimã'ʒaru]

129. Los ríos

río (m)	rio (m)	['hiu]
manantial (m)	fonte, nascente (f)	['fõtʃi], [na'sẽtʃi]
lecho (m) (curso de agua)	leito (m) de rio	['lejtu de 'hiu]
cuenca (f) fluvial	bacia (f)	[ba'sia]
desembocar en …	desaguar no …	[dʒiza'gwar nu]
afluente (m)	afluente (m)	[a'flwẽtʃi]
ribera (f)	margem (f)	['marʒẽ]
corriente (f)	corrente (f)	[ko'hẽtʃi]
río abajo (adv)	rio abaixo	['hiu a'baɪʃu]
río arriba (adv)	rio acima	['hiu a'sima]
inundación (f)	inundação (f)	[ĩtrodu'sãw]
riada (f)	cheia (f)	['ʃeja]
desbordarse (vr)	transbordar (vi)	[trãzbor'dar]
inundar (vt)	inundar (vt)	[inũ'dar]
bajo (m) arenoso	banco (m) de areia	['bãku de a'reja]
rápido (m)	corredeira (f)	[kohe'dejra]
presa (f)	barragem (f)	[ba'haʒẽ]
canal (m)	canal (m)	[ka'naw]
lago (m) artificiale	reservatório (m) de água	[hezerva'tɔrju de 'agwa]
esclusa (f)	eclusa (f)	[e'kluza]

cuerpo (m) de agua	corpo (m) de água	['kɔrpu de 'agwa]
pantano (m)	pântano (m)	['pɐ̃tanu]
ciénaga (f)	lamaçal (m)	[lama'saw]
remolino (m)	rodamoinho (m)	[hodamo'iɲu]
arroyo (m)	riacho (m)	['hjaʃu]
potable (adj)	potável	[po'tavew]
dulce (agua ~)	doce	['dosi]
hielo (m)	gelo (m)	['ʒelu]
helarse (el lago, etc.)	congelar-se (vr)	[kõʒe'larsi]

130. Los nombres de los ríos

Sena (m)	rio Sena (m)	['hiu 'sɛna]
Loira (m)	rio Loire (m)	['hiu lu'ar]
Támesis (m)	rio Tâmisa (m)	['hiu 'tamiza]
Rin (m)	rio Reno (m)	['hiu 'henu]
Danubio (m)	rio Danúbio (m)	['hiu da'nubju]
Volga (m)	rio Volga (m)	['hiu 'vɔlga]
Don (m)	rio Don (m)	['hiu dɔn]
Lena (m)	rio Lena (m)	['hiu 'lena]
Río (m) Amarillo	rio Amarelo (m)	['hiu ama'rɛlu]
Río (m) Azul	rio Yangtzé (m)	['hiu jɐ̃'gtzɛ]
Mekong (m)	rio Mekong (m)	['hiu mi'kõg]
Ganges (m)	rio Ganges (m)	['hiu 'gændʒi:z]
Nilo (m)	rio Nilo (m)	['hiu 'nilu]
Congo (m)	rio Congo (m)	['hiu 'kõgu]
Okavango (m)	rio Cubango (m)	['hiu ku'bɐ̃gu]
Zambeze (m)	rio Zambeze (m)	['hiu zɐ̃'bezi]
Limpopo (m)	rio Limpopo (m)	['hiu lĩ'popu]
Misisipi (m)	rio Mississippi (m)	['hiu misi'sipi]

131. El bosque

bosque (m)	floresta (f), bosque (m)	[flo'rɛsta], ['bɔski]
de bosque (adj)	florestal	[flores'taw]
espesura (f)	mata (f) fechada	['mata fe'ʃada]
bosquecillo (m)	arvoredo (m)	[arvo'redu]
claro (m)	clareira (f)	[kla'rejra]
maleza (f)	matagal (m)	[mata'gaw]
matorral (m)	mato (m), caatinga (f)	['matu], [ka'tʃĩga]
senda (f)	trilha, vereda (f)	['triʎa], [ve'reda]
barranco (m)	ravina (f)	[ha'vina]
árbol (m)	árvore (f)	['arvori]

hoja (f)	folha (f)	['foʎa]
follaje (m)	folhagem (f)	[fo'ʎaʒẽ]
caída (f) de hojas	queda (f) das folhas	['kɛda das 'foʎas]
caer (las hojas)	cair (vi)	[ka'ir]
cima (f)	topo (m)	['topu]
rama (f)	ramo (m)	['hamu]
rama (f) (gruesa)	galho (m)	['gaʎu]
brote (m)	botão (m)	[bo'tãw]
aguja (f)	agulha (f)	[a'guʎa]
piña (f)	pinha (f)	['piɲa]
agujero (m)	buraco (m) de árvore	[bu'raku de 'arvori]
nido (m)	ninho (m)	['niɲu]
tronco (m)	tronco (m)	['trõku]
raíz (f)	raiz (f)	[ha'iz]
corteza (f)	casca (f) de árvore	['kaska de 'arvori]
musgo (m)	musgo (m)	['muzgu]
extirpar (vt)	arrancar pela raiz	[ahã'kar 'pɛla ha'iz]
talar (vt)	cortar (vt)	[kor'tar]
deforestar (vt)	desflorestar (vt)	[dʒisflores'tar]
tocón (m)	toco, cepo (m)	['toku], ['sepu]
hoguera (f)	fogueira (f)	[fo'gejra]
incendio (m) forestal	incêndio (m) florestal	[ĩ'sẽdʒju flores'taw]
apagar (~ el incendio)	apagar (vt)	[apa'gar]
guarda (m) forestal	guarda-parque (m)	['gwarda 'parki]
protección (f)	proteção (f)	[prote'sãw]
proteger (vt)	proteger (vt)	[prote'ʒer]
cazador (m) furtivo	caçador (m) furtivo	[kasa'dor fur'tʃivu]
cepo (m)	armadilha (f)	arma'dʒiʎa]
recoger (setas, bayas)	colher (vt)	[ko'ʎer]
perderse (vr)	perder-se (vr)	[per'dersi]

132. Los recursos naturales

recursos (m pl) naturales	recursos (m pl) naturais	[he'kursus natu'rajs]
recursos (m pl) subterráneos	minerais (m pl)	[mine'rajs]
depósitos (m pl)	depósitos (m pl)	[de'pozitus]
yacimiento (m)	jazida (f)	[ʒa'zida]
extraer (vt)	extrair (vt)	[istra'jir]
extracción (f)	extração (f)	[istra'sãw]
mena (f)	minério (m)	[mi'nɛrju]
mina (f)	mina (f)	['mina]
pozo (m) de mina	poço (m) de mina	['posu de 'mina]
minero (m)	mineiro (m)	[mi'nejru]
gas (m)	gás (m)	[gajs]
gasoducto (m)	gasoduto (m)	[gazo'dutu]

petróleo (m)	petróleo (m)	[pe'trɔlju]
oleoducto (m)	oleoduto (m)	[oljo'dutu]
pozo (m) de petróleo	poço (m) de petróleo	['posu de pe'trɔlju]
torre (f) de sondeo	torre (f) petrolífera	['tohi petro'lifera]
petrolero (m)	petroleiro (m)	[petro'lejru]

arena (f)	areia (f)	[a'reja]
caliza (f)	calcário (m)	[kaw'karju]
grava (f)	cascalho (m)	[kas'kaʎu]
turba (f)	turfa (f)	['turfa]
arcilla (f)	argila (f)	[ar'ʒila]
carbón (m)	carvão (m)	[kar'vãw]

hierro (m)	ferro (m)	['fɛhu]
oro (m)	ouro (m)	['oru]
plata (f)	prata (f)	['prata]
níquel (m)	níquel (m)	['nikew]
cobre (m)	cobre (m)	['kɔbri]

zinc (m)	zinco (m)	['zĩku]
manganeso (m)	manganês (m)	[mãga'nes]
mercurio (m)	mercúrio (m)	[mer'kurju]
plomo (m)	chumbo (m)	['ʃũbu]

mineral (m)	mineral (m)	[mine'raw]
cristal (m)	cristal (m)	[kris'taw]
mármol (m)	mármore (m)	['marmori]
uranio (m)	urânio (m)	[u'ranju]

La tierra. Unidad 2

133. El tiempo

tiempo (m)	tempo (m)	['tẽpu]
previsión (f) del tiempo	previsão (f) do tempo	[previ'zãw du 'tẽpu]
temperatura (f)	temperatura (f)	[tẽpera'tura]
termómetro (m)	termômetro (m)	[ter'mometru]
barómetro (m)	barômetro (m)	[ba'rometru]
húmedo (adj)	úmido	['umidu]
humedad (f)	umidade (f)	[umi'dadʒi]
bochorno (m)	calor (m)	[ka'lor]
tórrido (adj)	tórrido	['tɔhidu]
hace mucho calor	está muito calor	[is'ta 'mwĩtu ka'lor]
hace calor (templado)	está calor	[is'ta ka'lor]
templado (adj)	quente	['kẽtʃi]
hace frío	está frio	[is'ta 'friu]
frío (adj)	frio	['friu]
sol (m)	sol (m)	[sɔw]
brillar (vi)	brilhar (vi)	[bri'ʎar]
soleado (un día ~)	de sol, ensolarado	[de sɔw], [ẽsola'radu]
elevarse (el sol)	nascer (vi)	[na'ser]
ponerse (vr)	pôr-se (vr)	['porsi]
nube (f)	nuvem (f)	['nuvẽj]
nuboso (adj)	nublado	[nu'bladu]
nubarrón (m)	nuvem (f) preta	['nuvẽj 'preta]
nublado (adj)	escuro	[is'kuru]
lluvia (f)	chuva (f)	['ʃuva]
está lloviendo	está a chover	[is'ta a ʃo'ver]
lluvioso (adj)	chuvoso	[ʃu'vozu]
lloviznar (vi)	chuviscar (vi)	[ʃuvis'kar]
aguacero (m)	chuva (f) torrencial	['ʃuva tohẽ'sjaw]
chaparrón (m)	aguaceiro (m)	[agwa'sejru]
fuerte (la lluvia ~)	forte	['fɔrtʃi]
charco (m)	poça (f)	['pɔsa]
mojarse (vr)	molhar-se (vr)	[mo'ʎarsi]
niebla (f)	nevoeiro (m)	[nevo'ejru]
nebuloso (adj)	de nevoeiro	[de nevu'ejru]
nieve (f)	neve (f)	['nɛvi]
está nevando	está nevando	[is'ta ne'vãdu]

134. Los eventos climáticos severos. Los desastres naturales

tormenta (f)	trovoada (f)	[tro'vwada]
relámpago (m)	relâmpago (m)	[he'lãpagu]
relampaguear (vi)	relampejar (vi)	[helãpe'ʒar]
trueno (m)	trovão (m)	[tro'vãw]
tronar (vi)	trovejar (vi)	[trove'ʒar]
está tronando	está trovejando	[is'ta trove'ʒãdu]
granizo (m)	granizo (m)	[gra'nizu]
está granizando	está caindo granizo	[is'ta ka'ĩdu gra'nizu]
inundar (vt)	inundar (vt)	[inũ'dar]
inundación (f)	inundação (f)	[ĩtrodu'sãw]
terremoto (m)	terremoto (m)	[tehe'mɔtu]
sacudida (f)	abalo, tremor (m)	[a'balu], [tre'mor]
epicentro (m)	epicentro (m)	[epi'sẽtru]
erupción (f)	erupção (f)	[erup'sãw]
lava (f)	lava (f)	['lava]
torbellino (m)	tornado (m)	[tor'nadu]
tornado (m)	tornado (m)	[tor'nadu]
tifón (m)	tufão (m)	[tu'fãw]
huracán (m)	furacão (m)	[fura'kãw]
tempestad (f)	tempestade (f)	[tẽpes'tadʒi]
tsunami (m)	tsunami (m)	[tsu'nami]
ciclón (m)	ciclone (m)	[si'klɔni]
mal tiempo (m)	mau tempo (m)	[maw 'tẽpu]
incendio (m)	incêndio (m)	[ĩ'sẽdʒju]
catástrofe (f)	catástrofe (f)	[ka'tastrofi]
meteorito (m)	meteorito (m)	[meteo'ritu]
avalancha (f)	avalanche (f)	[ava'lãʃi]
alud (m) de nieve	deslizamento (m) de neve	[dʒizliza'mẽtu de 'nɛvi]
ventisca (f)	nevasca (f)	[ne'vaska]
nevasca (f)	tempestade (f) de neve	[tẽpes'tadʒi de 'nɛvi]

La fauna

135. Los mamíferos. Los predadores

carnívoro (m)	predador (m)	[preda'dor]
tigre (m)	tigre (m)	['tʃigri]
león (m)	leão (m)	[le'ãw]
lobo (m)	lobo (m)	['lobu]
zorro (m)	raposa (f)	[ha'pozu]
jaguar (m)	jaguar (m)	[ʒa'gwar]
leopardo (m)	leopardo (m)	[ljo'pardu]
guepardo (m)	chita (f)	['ʃita]
pantera (f)	pantera (f)	[pã'tɛra]
puma (f)	puma (m)	['puma]
leopardo (m) de las nieves	leopardo-das-neves (m)	[ljo'pardu das 'nɛvis]
lince (m)	lince (m)	['lĩsi]
coyote (m)	coiote (m)	[ko'jɔtʃi]
chacal (m)	chacal (m)	[ʃa'kaw]
hiena (f)	hiena (f)	['jena]

136. Los animales salvajes

animal (m)	animal (m)	[ani'maw]
bestia (f)	besta (f)	['bɛsta]
ardilla (f)	esquilo (m)	[is'kilu]
erizo (m)	ouriço (m)	[o'risu]
liebre (f)	lebre (f)	['lɛbri]
conejo (m)	coelho (m)	[ko'eʎu]
tejón (m)	texugo (m)	[te'ʃugu]
mapache (m)	guaxinim (m)	[gwaʃi'nĩ]
hámster (m)	hamster (m)	['amster]
marmota (f)	marmota (f)	[mah'mɔta]
topo (m)	toupeira (f)	[to'pejra]
ratón (m)	rato (m)	['hatu]
rata (f)	ratazana (f)	[hata'zana]
murciélago (m)	morcego (m)	[mor'segu]
armiño (m)	arminho (m)	[ar'miɲu]
cebellina (f)	zibelina (f)	[zibe'lina]
marta (f)	marta (f)	['mahta]
comadreja (f)	doninha (f)	[dɔ'niɲa]
visón (m)	visom (m)	[vi'zõ]

castor (m)	castor (m)	[kas'tor]
nutria (f)	lontra (f)	['lõtra]

caballo (m)	cavalo (m)	[ka'valu]
alce (m)	alce (m)	['awsi]
ciervo (m)	veado (m)	['vjadu]
camello (m)	camelo (m)	[ka'melu]

bisonte (m)	bisão (m)	[bi'zãw]
uro (m)	auroque (m)	[aw'rɔki]
búfalo (m)	búfalo (m)	['bufalu]

cebra (f)	zebra (f)	['zebra]
antílope (m)	antílope (m)	[ã'tʃilopi]
corzo (m)	corça (f)	['korsa]
gamo (m)	gamo (m)	['gamu]
gamuza (f)	camurça (f)	[ka'mursa]
jabalí (m)	javali (m)	[ʒava'li]

ballena (f)	baleia (f)	[ba'leja]
foca (f)	foca (f)	['fɔka]
morsa (f)	morsa (f)	['mɔhsa]
oso (m) marino	urso-marinho (m)	['ursu ma'riɲu]
delfín (m)	golfinho (m)	[gow'fiɲu]

oso (m)	urso (m)	['ursu]
oso (m) blanco	urso (m) polar	['ursu po'lar]
panda (f)	panda (m)	['pãda]

mono (m)	macaco (m)	[ma'kaku]
chimpancé (m)	chimpanzé (m)	[ʃĩpã'zɛ]
orangután (m)	orangotango (m)	[orãgu'tãgu]
gorila (m)	gorila (m)	[go'rila]
macaco (m)	macaco (m)	[ma'kaku]
gibón (m)	gibão (m)	[ʒi'bãw]

elefante (m)	elefante (m)	[ele'fãtʃi]
rinoceronte (m)	rinoceronte (m)	[hinose'rõtʃi]
jirafa (f)	girafa (f)	[ʒi'rafa]
hipopótamo (m)	hipopótamo (m)	[ipo'pɔtamu]

canguro (m)	canguru (m)	[kãgu'ru]
koala (f)	coala (m)	['kwala]

mangosta (f)	mangusto (m)	[mã'gustu]
chinchilla (f)	chinchila (f)	[ʃĩ'ʃila]
mofeta (f)	cangambá (f)	[kã'gãba]
espín (m)	porco-espinho (m)	['pɔrku is'piɲu]

137. Los animales domésticos

gata (f)	gata (f)	['gata]
gato (m)	gato (m) macho	['gatu 'maʃu]
perro (m)	cão (m)	['kãw]

caballo (m)	cavalo (m)	[ka'valu]
garañón (m)	garanhão (m)	[gara'ɲãw]
yegua (f)	égua (f)	['ɛgwa]
vaca (f)	vaca (f)	['vaka]
toro (m)	touro (m)	['toru]
buey (m)	boi (m)	[boj]
oveja (f)	ovelha (f)	[o'veʎa]
carnero (m)	carneiro (m)	[kar'nejru]
cabra (f)	cabra (f)	['kabra]
cabrón (m)	bode (m)	['bɔdʒi]
asno (m)	burro (m)	['buhu]
mulo (m)	mula (f)	['mula]
cerdo (m)	porco (m)	['porku]
cerdito (m)	leitão (m)	[lej'tãw]
conejo (m)	coelho (m)	[ko'eʎu]
gallina (f)	galinha (f)	[ga'liɲa]
gallo (m)	galo (m)	['galu]
pato (m)	pata (f)	['pata]
ánade (m)	pato (m)	['patu]
ganso (m)	ganso (m)	['gãsu]
pavo (m)	peru (m)	[pe'ru]
pava (f)	perua (f)	[pe'rua]
animales (m pl) domésticos	animais (m pl) domésticos	[ani'majs do'mɛstʃikus]
domesticado (adj)	domesticado	[domestʃi'kadu]
domesticar (vt)	domesticar (vt)	[domestʃi'kar]
criar (vt)	criar (vt)	[krjar]
granja (f)	fazenda (f)	[fa'zẽda]
aves (f pl) de corral	aves (f pl) domésticas	['avis do'mɛstʃikas]
ganado (m)	gado (m)	['gadu]
rebaño (m)	rebanho (m), manada (f)	[he'baɲu], [ma'nada]
caballeriza (f)	estábulo (m)	[is'tabulu]
porqueriza (f)	chiqueiro (m)	[ʃi'kejru]
vaquería (f)	estábulo (m)	[is'tabulu]
conejal (m)	coelheira (f)	[kue'ʎejra]
gallinero (m)	galinheiro (m)	[gali'ɲejru]

138. Los pájaros

pájaro (m)	pássaro (m), ave (f)	['pasaru], ['avi]
paloma (f)	pombo (m)	['põbu]
gorrión (m)	pardal (m)	[par'daw]
carbonero (m)	chapim-real (m)	[ʃa'pĩ-he'aw]
urraca (f)	pega-rabuda (f)	['pega-ha'buda]
cuervo (m)	corvo (m)	['korvu]

corneja (f)	gralha-cinzenta (f)	['graʎa sĩ'zẽta]
chova (f)	gralha-de-nuca-cinzenta (f)	['graʎa de 'nuka sĩ'zẽta]
grajo (m)	gralha-calva (f)	['graʎa 'kawvu]

pato (m)	pato (m)	['patu]
ganso (m)	ganso (m)	['gãsu]
faisán (m)	faisão (m)	[faj'zãw]

águila (f)	águia (f)	['agja]
azor (m)	açor (m)	[a'sor]
halcón (m)	falcão (m)	[faw'kãw]
buitre (m)	abutre (m)	[a'butri]
cóndor (m)	condor (m)	[kõ'dor]

cisne (m)	cisne (m)	['sizni]
grulla (f)	grou (m)	[grow]
cigüeña (f)	cegonha (f)	[se'gɔɲa]

loro (m), papagayo (m)	papagaio (m)	[papa'gaju]
colibrí (m)	beija-flor (m)	[bejʒa'flɔr]
pavo (m) real	pavão (m)	[pa'vãw]

avestruz (m)	avestruz (m)	[aves'truz]
garza (f)	garça (f)	['garsa]
flamenco (m)	flamingo (m)	[fla'mĩgu]
pelícano (m)	pelicano (m)	[peli'kanu]

ruiseñor (m)	rouxinol (m)	[hoʃi'nɔw]
golondrina (f)	andorinha (f)	[ãdo'riɲa]

tordo (m)	tordo-zornal (m)	['tɔrdu-zor'nal]
zorzal (m)	tordo-músico (m)	['tɔrdu-'muziku]
mirlo (m)	melro-preto (m)	['mɛwhu 'pretu]

vencejo (m)	andorinhão (m)	[ãdori'ɲãw]
alondra (f)	laverca, cotovia (f)	[la'verka], [kutu'via]
codorniz (f)	codorna (f)	[ko'dɔrna]

pájaro carpintero (m)	pica-pau (m)	['pika 'paw]
cuco (m)	cuco (m)	['kuku]
lechuza (f)	coruja (f)	[ko'ruʒa]
búho (m)	bufo-real (m)	['bufu-he'aw]
urogallo (m)	tetraz-grande (m)	[tɛ'tras-'grãdʒi]
gallo lira (m)	tetraz-lira (m)	[tɛ'tras-'lira]
perdiz (f)	perdiz-cinzenta (f)	[per'dis sĩ'zẽta]

estornino (m)	estorninho (m)	[istor'niɲu]
canario (m)	canário (m)	[ka'narju]
ortega (f)	galinha-do-mato (f)	[ga'liɲa du 'matu]

pinzón (m)	tentilhão (m)	[tẽtʃi'ʎãw]
camachuelo (m)	dom-fafe (m)	[dõ'fafi]

gaviota (f)	gaivota (f)	[gaj'vɔta]
albatros (m)	albatroz (m)	[alba'trɔs]
pingüino (m)	pinguim (m)	[pĩ'gwĩ]

139. Los peces. Los animales marinos

brema (f)	brema (f)	['brema]
carpa (f)	carpa (f)	['karpa]
perca (f)	perca (f)	['pehka]
siluro (m)	siluro (m)	[si'luru]
lucio (m)	lúcio (m)	['lusju]
salmón (m)	salmão (m)	[saw'mãw]
esturión (m)	esturjão (m)	[istur'ʒãw]
arenque (m)	arenque (m)	[a'rẽki]
salmón (m) del Atlántico	salmão (m) do Atlântico	[saw'mãw du at'lãtʃiku]
caballa (f)	cavala, sarda (f)	[ka'vala], ['sarda]
lenguado (m)	solha (f), linguado (m)	['soʎa], [lĩ'gwadu]
lucioperca (f)	lúcio perca (m)	['lusju 'perka]
bacalao (m)	bacalhau (m)	[baka'ʎaw]
atún (m)	atum (m)	[a'tũ]
trucha (f)	truta (f)	['truta]
anguila (f)	enguia (f)	[ẽ'gia]
raya (f) eléctrica	raia (f) elétrica	['haja e'lɛtrika]
morena (f)	moreia (f)	[mo'reja]
piraña (f)	piranha (f)	[pi'raɲa]
tiburón (m)	tubarão (m)	[tuba'rãw]
delfín (m)	golfinho (m)	[gow'fiɲu]
ballena (f)	baleia (f)	[ba'leja]
centolla (f)	caranguejo (m)	[karã'geʒu]
medusa (f)	água-viva (f)	['agwa 'viva]
pulpo (m)	polvo (m)	['powvu]
estrella (f) de mar	estrela-do-mar (f)	[is'trela du 'mar]
erizo (m) de mar	ouriço-do-mar (m)	[o'risu du 'mar]
caballito (m) de mar	cavalo-marinho (m)	[ka'valu ma'riɲu]
ostra (f)	ostra (f)	['ostra]
camarón (m)	camarão (m)	[kama'rãw]
bogavante (m)	lagosta (f)	[la'gosta]
langosta (f)	lagosta (f)	[la'gosta]

140. Los anfibios. Los reptiles

serpiente (f)	cobra (f)	['kɔbra]
venenoso (adj)	venenoso	[vene'nozu]
víbora (f)	víbora (f)	['vibora]
cobra (f)	naja (f)	['naʒa]
pitón (m)	píton (m)	['pitɔn]
boa (f)	jiboia (f)	[ʒi'bɔja]
culebra (f)	cobra-de-água (f)	[kɔbra de 'agwa]

| serpiente (m) de cascabel | cascavel (f) | [kaska'vɛw] |
| anaconda (f) | anaconda, sucuri (f) | [ana'kõda], [sukuri] |

lagarto (m)	lagarto (m)	[la'gartu]
iguana (f)	iguana (f)	[i'gwana]
varano (m)	varano (m)	[va'ranu]
salamandra (f)	salamandra (f)	[sala'mãdra]
camaleón (m)	camaleão (m)	[kamale'ãu]
escorpión (m)	escorpião (m)	[iskorpi'ãw]

tortuga (f)	tartaruga (f)	[tarta'ruga]
rana (f)	rã (f)	[hã]
sapo (m)	sapo (m)	['sapu]
cocodrilo (m)	crocodilo (m)	[kroko'dʒilu]

141. Los insectos

insecto (m)	inseto (m)	[ĩ'sɛtu]
mariposa (f)	borboleta (f)	[borbo'leta]
hormiga (f)	formiga (f)	[for'miga]
mosca (f)	mosca (f)	['moska]
mosquito (m) (picadura de ~)	mosquito (m)	[mos'kitu]
escarabajo (m)	escaravelho (m)	[iskara'veʎu]

avispa (f)	vespa (f)	['vespa]
abeja (f)	abelha (f)	[a'beʎa]
abejorro (m)	mamangaba (f)	[mamã'gaba]
moscardón (m)	moscardo (m)	[mos'kardu]

| araña (f) | aranha (f) | [a'raɲa] |
| telaraña (f) | teia (f) de aranha | ['teja de a'raɲa] |

libélula (f)	libélula (f)	[li'bɛlula]
saltamontes (m)	gafanhoto (m)	[gafa'ɲotu]
mariposa (f) nocturna	traça (f)	['trasa]

cucaracha (f)	barata (f)	[ba'rata]
garrapata (f)	carrapato (m)	[kaha'patu]
pulga (f)	pulga (f)	['puwga]
mosca (f) negra	borrachudo (m)	[boha'ʃudu]

langosta (f)	gafanhoto-migratório (m)	[gafa'ɲotu-migra'tɔrju]
caracol (m)	caracol (m)	[kara'kɔw]
grillo (m)	grilo (m)	['grilu]
luciérnaga (f)	pirilampo, vaga-lume (m)	[piri'lãpu], [vaga-'lumi]
mariquita (f)	joaninha (f)	[ʒwa'niɲa]
sanjuanero (m)	besouro (m)	[be'zoru]

sanguijuela (f)	sanguessuga (f)	[sãgi'suga]
oruga (f)	lagarta (f)	[la'garta]
lombriz (m) de tierra	minhoca (f)	[mi'ɲɔka]
larva (f)	larva (f)	['larva]

La flora

142. Los árboles

árbol (m)	árvore (f)	['arvori]
foliáceo (adj)	decídua	[de'sidwa]
conífero (adj)	conífera	[ko'nifera]
de hoja perenne	perene	[pe'rɛni]
manzano (m)	macieira (f)	[ma'sjejra]
peral (m)	pereira (f)	[pe'rejra]
cerezo (m)	cerejeira (f)	[sere'ʒejra]
guindo (m)	ginjeira (f)	[ʒĩ'ʒejra]
ciruelo (m)	ameixeira (f)	[amej'ʃejra]
abedul (m)	bétula (f)	['bɛtula]
roble (m)	carvalho (m)	[kar'vaʎu]
tilo (m)	tília (f)	['tʃilja]
pobo (m)	choupo-tremedor (m)	['ʃopu-treme'dor]
arce (m)	bordo (m)	['bɔrdu]
pícea (f)	espruce (m)	[is'pruse]
pino (m)	pinheiro (m)	[pi'ɲejru]
alerce (m)	alerce, lariço (m)	[a'lɛrse], [la'risu]
abeto (m)	abeto (m)	[a'bɛtu]
cedro (m)	cedro (m)	['sɛdru]
álamo (m)	choupo, álamo (m)	['ʃopu], ['alamu]
serbal (m)	tramazeira (f)	[trama'zejra]
sauce (m)	salgueiro (m)	[saw'gejru]
aliso (m)	amieiro (m)	[a'mjejru]
haya (f)	faia (f)	['faja]
olmo (m)	ulmeiro, olmo (m)	[ul'mejru], ['ɔwmu]
fresno (m)	freixo (m)	['frejʃu]
castaño (m)	castanheiro (m)	[kasta'ɲejru]
magnolia (f)	magnólia (f)	[mag'nɔlja]
palmera (f)	palmeira (f)	[paw'mejra]
ciprés (m)	cipreste (m)	[si'prɛstʃi]
mangle (m)	mangue (m)	['mãgi]
baobab (m)	embondeiro, baobá (m)	[ẽbõ'dejru], [bao'ba]
eucalipto (m)	eucalipto (m)	[ewka'liptu]
secoya (f)	sequoia (f)	[se'kwɔja]

143. Los arbustos

mata (f)	arbusto (m)	[ar'bustu]
arbusto (m)	arbusto (m), moita (f)	[ar'bustu], ['mɔjta]

vid (f)	videira (f)	[vi'dejra]
viñedo (m)	vinhedo (m)	[vi'ɲedu]
frambueso (m)	framboeseira (f)	[frãboe'zejra]
grosellero (m) negro	groselheira-negra (f)	[groze'ʎejra 'negra]
grosellero (m) rojo	groselheira-vermelha (f)	[grozɛ'ʎejra ver'meʎa]
grosellero (m) espinoso	groselheira (f) espinhosa	[groze'ʎejra ispi'ɲoza]
acacia (f)	acácia (f)	[a'kasja]
berberís (m)	bérberis (f)	['bɛrberis]
jazmín (m)	jasmim (m)	[ʒaz'mĩ]
enebro (m)	junípero (m)	[ʒu'niperu]
rosal (m)	roseira (f)	[ho'zejra]
escaramujo (m)	roseira (f) brava	[ho'zejra 'brava]

144. Las frutas. Las bayas

fruto (m)	fruta (f)	['fruta]
frutos (m pl)	frutas (f pl)	['frutas]
manzana (f)	maçã (f)	[ma'sã]
pera (f)	pera (f)	['pera]
ciruela (f)	ameixa (f)	[a'mejʃa]
fresa (f)	morango (m)	[mo'rãgu]
guinda (f)	ginja (f)	['ʒĩʒa]
cereza (f)	cereja (f)	[se'reʒa]
uva (f)	uva (f)	['uva]
frambuesa (f)	framboesa (f)	[frãbo'eza]
grosella (f) negra	groselha (f) negra	[gro'zɛʎa 'negra]
grosella (f) roja	groselha (f) vermelha	[[gro'zɛʎa ver'meʎa]
grosella (f) espinosa	groselha (f) espinhosa	[gro'zɛʎa ispi'ɲoza]
arándano (m) agrio	oxicoco (m)	[oksi'koku]
naranja (f)	laranja (f)	[la'rãʒa]
mandarina (f)	tangerina (f)	[tãʒe'rina]
piña (f)	abacaxi (m)	[abaka'ʃi]
banana (f)	banana (f)	[ba'nana]
dátil (m)	tâmara (f)	['tamara]
limón (m)	limão (m)	[li'mãw]
albaricoque (m)	damasco (m)	[da'masku]
melocotón (m)	pêssego (m)	['pesegu]
kiwi (m)	quiuí (m)	[ki'vi]
toronja (f)	toranja (f)	[to'rãʒa]
baya (f)	baga (f)	['baga]
bayas (f pl)	bagas (f pl)	['bagas]
arándano (m) rojo	arando (m) vermelho	[a'rãdu ver'meʎu]
fresa (f) silvestre	morango-silvestre (m)	[mo'rãgu siw'vɛstri]
arándano (m)	mirtilo (m)	[mih'tʃilu]

145. Las flores. Las plantas

| flor (f) | flor (f) | ['flɔr] |
| ramo (m) de flores | buquê (m) de flores | [bu'ke de 'floris] |

rosa (f)	rosa (f)	['hɔza]
tulipán (m)	tulipa (f)	[tu'lipa]
clavel (m)	cravo (m)	['kravu]
gladiolo (m)	gladíolo (m)	[gla'dʒiolu]

aciano (m)	escovinha (f)	[isko'viɲa]
campanilla (f)	campainha (f)	[kampa'iɲa]
diente (m) de león	dente-de-leão (m)	['dētʃi] de le'ãw]
manzanilla (f)	camomila (f)	[kamo'mila]

áloe (m)	aloé (m)	[alo'ɛ]
cacto (m)	cacto (m)	['kaktu]
ficus (m)	fícus (m)	['fikus]

azucena (f)	lírio (m)	['lirju]
geranio (m)	gerânio (m)	[ʒe'ranju]
jacinto (m)	jacinto (m)	[ʒa'sĩtu]

mimosa (f)	mimosa (f)	[mi'mɔza]
narciso (m)	narciso (m)	[nar'sizu]
capuchina (f)	capuchinha (f)	[kapu'ʃiɲa]

orquídea (f)	orquídea (f)	[or'kidʒja]
peonía (f)	peônia (f)	[pi'onia]
violeta (f)	violeta (f)	[vjo'leta]

trinitaria (f)	amor-perfeito (m)	[a'mor per'fejtu]
nomeolvides (f)	não-me-esqueças (m)	['nãw mi is'kesas]
margarita (f)	margarida (f)	[marga'rida]

amapola (f)	papoula (f)	[pa'pola]
cáñamo (m)	cânhamo (m)	['kaɲamu]
menta (f)	hortelã, menta (f)	[orte'lã], ['mẽta]

| muguete (m) | lírio-do-vale (m) | ['lirju du 'vali] |
| campanilla (f) de las nieves | campânula-branca (f) | [kã'panula-'brãka] |

ortiga (f)	urtiga (f)	[ur'tʃiga]
acedera (f)	azedinha (f)	[aze'dʒinha]
nenúfar (m)	nenúfar (m)	[ne'nufar]
helecho (m)	samambaia (f)	[samã'baja]
liquen (m)	líquen (m)	['likẽ]

invernadero (m) tropical	estufa (f)	[is'tufa]
césped (m)	gramado (m)	[gra'madu]
macizo (m) de flores	canteiro (m) de flores	[kã'tejru de 'floris]

planta (f)	planta (f)	['plãta]
hierba (f)	grama (f)	['grama]
hoja (f) de hierba	folha (f) de grama	['foʎa de 'grama]

hoja (f)	folha (f)	['foʎa]
pétalo (m)	pétala (f)	['pɛtala]
tallo (m)	talo (m)	['talu]
tubérculo (m)	tubérculo (m)	[tu'berkulu]

| retoño (m) | broto, rebento (m) | ['brotu], [he'bẽtu] |
| espina (f) | espinho (m) | [is'piɲu] |

florecer (vi)	florescer (vi)	[flore'ser]
marchitarse (vr)	murchar (vi)	[mur'ʃar]
olor (m)	cheiro (m)	['ʃejru]
cortar (vt)	cortar (vt)	[kor'tar]
coger (una flor)	colher (vt)	[ko'ʎer]

146. Los cereales, los granos

grano (m)	grão (m)	['grãw]
cereales (m pl) (plantas)	cereais (m pl)	[se'rjajs]
espiga (f)	espiga (f)	[is'piga]

trigo (m)	trigo (m)	['trigu]
centeno (m)	centeio (m)	[sẽ'teju]
avena (f)	aveia (f)	[a'veja]
mijo (m)	painço (m)	[pa'ĩsu]
cebada (f)	cevada (f)	[se'vada]

maíz (m)	milho (m)	['miʎu]
arroz (m)	arroz (m)	[a'hoz]
alforfón (m)	trigo-sarraceno (m)	['trigu-saha'sẽnu]

guisante (m)	ervilha (f)	[er'viʎa]
fréjol (m)	feijão (m) roxo	[fej'ʒãw 'hoʃu]
soya (f)	soja (f)	['sɔʒa]
lenteja (f)	lentilha (f)	[lẽ'tʃiʎa]
habas (f pl)	feijão (m)	[fej'ʒãw]

LOS PAÍSES. LAS NACIONALIDADES

147. Europa occidental

Español	Portugués	Pronunciación
Europa (f)	Europa (f)	[ew'rɔpa]
Unión (f) Europea	União (f) Europeia	[u'njãw euro'pɛja]
Austria (f)	Áustria (f)	['awstrja]
Gran Bretaña (f)	Grã-Bretanha (f)	[grã-bre'taɲa]
Inglaterra (f)	Inglaterra (f)	[ĩgla'tɛha]
Bélgica (f)	Bélgica (f)	['bɛwʒika]
Alemania (f)	Alemanha (f)	[ale'mãɲa]
Países Bajos (m pl)	Países Baixos (m pl)	[pa'jisis 'baɪʃus]
Holanda (f)	Holanda (f)	[o'lãda]
Grecia (f)	Grécia (f)	['grɛsja]
Dinamarca (f)	Dinamarca (f)	[dʒina'marka]
Irlanda (f)	Irlanda (f)	[ir'lãda]
Islandia (f)	Islândia (f)	[iz'lãdʒa]
España (f)	Espanha (f)	[is'paɲa]
Italia (f)	Itália (f)	[i'talja]
Chipre (m)	Chipre (m)	['ʃipri]
Malta (f)	Malta (f)	['mawta]
Noruega (f)	Noruega (f)	[nor'wɛga]
Portugal (m)	Portugal (m)	[portu'gaw]
Finlandia (f)	Finlândia (f)	[fĩ'lãdʒja]
Francia (f)	França (f)	['frãsa]
Suecia (f)	Suécia (f)	['swɛsja]
Suiza (f)	Suíça (f)	['swisa]
Escocia (f)	Escócia (f)	[is'kɔsja]
Vaticano (m)	Vaticano (m)	[vatʃi'kanu]
Liechtenstein (m)	Liechtenstein (m)	[liʃtẽs'tajn]
Luxemburgo (m)	Luxemburgo (m)	[luʃẽ'burgu]
Mónaco (m)	Mônaco (m)	['monaku]

148. Europa central y oriental

Español	Portugués	Pronunciación
Albania (f)	Albânia (f)	[aw'banja]
Bulgaria (f)	Bulgária (f)	[buw'garja]
Hungría (f)	Hungria (f)	[ũ'gria]
Letonia (f)	Letônia (f)	[le'tonja]
Lituania (f)	Lituânia (f)	[li'twanja]
Polonia (f)	Polônia (f)	[po'lonja]

Rumania (f)	Romênia (f)	[ho'menja]
Serbia (f)	Sérvia (f)	['sɛhvia]
Eslovaquia (f)	Eslováquia (f)	islɔ'vakja]
Croacia (f)	Croácia (f)	[kro'asja]
Chequia (f)	República (f) Checa	[he'publika 'ʃeka]
Estonia (f)	Estônia (f)	[is'tonja]
Bosnia y Herzegovina	Bósnia e Herzegovina (f)	['bɔsnia i ɛrtsegɔ'vina]
Macedonia	Macedônia (f)	[mase'donja]
Eslovenia	Eslovênia (f)	islɔ'venja]
Montenegro (m)	Montenegro (m)	[mõtʃi'negru]

149. Los países de la antes Unión Soviética

Azerbaiyán (m)	Azerbaijão (m)	[azerbaj'ʒãw]
Armenia (f)	Armênia (f)	[ar'menja]
Bielorrusia (f)	Belarus	[bela'rus]
Georgia (f)	Geórgia (f)	['ʒɔrʒa]
Kazajstán (m)	Cazaquistão (m)	[kazakis'tãw]
Kirguizistán (m)	Quirguistão (m)	[kirgis'tãw]
Moldavia (f)	Moldávia (f)	[mow'davja]
Rusia (f)	Rússia (f)	['husja]
Ucrania (f)	Ucrânia (f)	[u'kranja]
Tayikistán (m)	Tajiquistão (m)	[taʒiki'stãw]
Turkmenistán (m)	Turquemenistão (m)	[turkemenis'tãw]
Uzbekistán (m)	Uzbequistão (f)	[uzbekis'tãw]

150. Asia

Asia (f)	Ásia (f)	['azja]
Vietnam (m)	Vietnã (m)	[vjet'nã]
India (f)	Índia (f)	['ĩdʒa]
Israel (m)	Israel (m)	[izha'ɛw]
China (f)	China (f)	['ʃina]
Líbano (m)	Líbano (m)	['libanu]
Mongolia (f)	Mongólia (f)	[mõ'gɔlja]
Malasia (f)	Malásia (f)	[ma'lazja]
Pakistán (m)	Paquistão (m)	[pakis'tãw]
Arabia (f) Saudita	Arábia (f) Saudita	[a'rabja saw'dʒita]
Tailandia (f)	Tailândia (f)	[taj'lãdʒja]
Taiwán (m)	Taiwan (m)	[taj'wan]
Turquía (f)	Turquia (f)	[tur'kia]
Japón (m)	Japão (m)	[ʒa'pãw]
Afganistán (m)	Afeganistão (m)	[afeganis'tãw]

Bangladesh (m)	Bangladesh (m)	[bãgla'dɛs]
Indonesia (f)	Indonésia (f)	[ĩdo'nɛzja]
Jordania (f)	Jordânia (f)	[ʒor'danja]
Irak (m)	Iraque (m)	[i'raki]
Irán (m)	Irã (m)	[i'rã]
Camboya (f)	Camboja (f)	[kã'bɔja]
Kuwait (m)	Kuwait (m)	[ku'wejt]
Laos (m)	Laos (m)	['laws]
Myanmar (m)	Birmânia (f)	[bir'manja]
Nepal (m)	Nepal (m)	[ne'paw]
Emiratos (m pl) Árabes Unidos	Emirados Árabes Unidos	[emi'radus 'arabis u'nidus]
Siria (f)	Síria (f)	['sirja]
Palestina (f)	Palestina (f)	[pales'tʃina]
Corea (f) del Sur	Coreia (f) do Sul	[ko'rɛja du suw]
Corea (f) del Norte	Coreia (f) do Norte	[ko'rɛja du 'nɔrtʃi]

151. América del Norte

Estados Unidos de América (m pl)	Estados Unidos da América (m pl)	[i'stadus u'nidus da a'mɛrika]
Canadá (f)	Canadá (m)	[kana'da]
Méjico (m)	México (m)	['mɛʃiku]

152. Centroamérica y Sudamérica

Argentina (f)	Argentina (f)	[arʒē'tʃina]
Brasil (m)	Brasil (m)	[bra'ziw]
Colombia (f)	Colômbia (f)	[ko'lõbja]
Cuba (f)	Cuba (f)	['kuba]
Chile (m)	Chile (m)	['ʃili]
Bolivia (f)	Bolívia (f)	[bo'livja]
Venezuela (f)	Venezuela (f)	[vene'zwɛla]
Paraguay (m)	Paraguai (m)	[para'gwaj]
Perú (m)	Peru (m)	[pe'ru]
Surinam (m)	Suriname (m)	[suri'nami]
Uruguay (m)	Uruguai (m)	[uru'gwaj]
Ecuador (m)	Equador (m)	[ekwa'dor]
Islas (f pl) Bahamas	Bahamas (f pl)	[ba'amas]
Haití (m)	Haiti (m)	[aj'tʃi]
República (f) Dominicana	República (f) Dominicana	[he'publika domini'kana]
Panamá (f)	Panamá (m)	[pana'ma]
Jamaica (f)	Jamaica (f)	[ʒa'majka]

153. África

Egipto (m)	Egito (m)	[e'ʒitu]
Marruecos (m)	Marrocos	[ma'hɔkus]
Túnez (m)	Tunísia (f)	[tu'nizja]
Ghana (f)	Gana (f)	['gana]
Zanzíbar (m)	Zanzibar (m)	[zãzi'bar]
Kenia (f)	Quênia (f)	['kenja]
Libia (f)	Líbia (f)	['libja]
Madagascar (m)	Madagascar (m)	[mada'gaskar]
Namibia (f)	Namíbia (f)	[na'mibja]
Senegal (m)	Senegal (m)	[sene'gaw]
Tanzania (f)	Tanzânia (f)	[tã'zanja]
República (f) Sudafricana	África (f) do Sul	['afrika du suw]

154. Australia. Oceanía

Australia (f)	Austrália (f)	[aws'tralja]
Nueva Zelanda (f)	Nova Zelândia (f)	['nɔva zi'lãdʒa]
Tasmania (f)	Tasmânia (f)	[taz'manja]
Polinesia (f) Francesa	Polinésia (f) Francesa	[poli'nɛzja frã'seza]

155. Las ciudades

Ámsterdam	Amsterdã	[amister'dã]
Ankara	Ancara	[ã'kara]
Atenas	Atenas	[a'tenas]
Bagdad	Bagdá	[bagi'da]
Bangkok	Bancoque	[bã'kɔk]
Barcelona	Barcelona	[barse'lona]
Beirut	Beirute	[bej'rutʃi]
Berlín	Berlim	[ber'lĩ]
Mumbai	Mumbai	[mũ'baj]
Bonn	Bonn	[bɔn]
Bratislava	Bratislava	[brati'slava]
Bruselas	Bruxelas	[bru'ʃɛlas]
Bucarest	Bucareste	[buka'rɛstʃi]
Budapest	Budapeste	[buda'pɛstʃi]
Burdeos	Bordéus	[bor'dɛus]
El Cairo	Cairo	['kajru]
Calcuta	Calcutá	[kawku'ta]
Chicago	Chicago	[ʃi'kagu]
Copenhague	Copenhague	[kope'ɲagi]
Dar-es-Salam	Dar es Salaam	[dar es sa'lãm]
Delhi	Deli	['dɛli]

Spanish	Portuguese	Pronunciation
Dubai	Dubai	[du'baj]
Dublín	Dublim	[dub'lĩ]
Dusseldorf	Düsseldorf	[duseldɔrf]
Estambul	Istambul	[istã'buw]
Estocolmo	Estocolmo	[isto'kɔwmu]
Florencia	Florença	[flo'rẽsa]
Fráncfort del Meno	Frankfurt	['frãkfurt]
Ginebra	Genebra	[ʒe'nɛbra]
La Habana	Havana	[a'vana]
Hamburgo	Hamburgo	[ã'burgu]
Hanói	Hanói	[ha'nɔj]
La Haya	Haia	['aja]
Helsinki	Helsinque	[ew'sĩki]
Hiroshima	Hiroshima	[irɔ'ʃima]
Hong Kong	Hong Kong	[oŋ'koŋ]
Jerusalén	Jerusalém	[ʒeruza'lẽ]
Kiev	Kiev, Quieve	[ki'ɛv], [ki'eve]
Kuala Lumpur	Kuala Lumpur	['kwala lũ'pur]
Lisboa	Lisboa	[liz'boa]
Londres	Londres	['lõdris]
Los Ángeles	Los Angeles	[loz 'ãʒeles]
Lyon	Lion	[li'ɔŋ]
Madrid	Madrid	[ma'drid]
Marsella	Marselha	[mar'sɛʎa]
Ciudad de México	Cidade do México	[si'dadʒi du 'mɛʃiku]
Miami	Miami	[ma'jami]
Montreal	Montreal	[mõtri'al]
Moscú	Moscou	[mos'kow]
Múnich	Munique	[mu'niki]
Nairobi	Nairóbi	[naj'rɔbi]
Nápoles	Nápoles	['napolis]
Niza	Nice	['nisi]
Nueva York	Nova York	['nɔva 'jɔrk]
Oslo	Oslo	['ɔzlow]
Ottawa	Ottawa	[ɔ'tawa]
París	Paris	[pa'ris]
Pekín	Pequim	[pe'kĩ]
Praga	Praga	['praga]
Río de Janeiro	Rio de Janeiro	['hiu de ʒa'nejru]
Roma	Roma	['homa]
San Petersburgo	São Petersburgo	['sãw peters'burgu]
Seúl	Seul	[se'uw]
Shanghái	Xangai	[ʃã'gaj]
Singapur	Cingapura (f)	[sĩga'pura]
Sydney	Sydney	['sidnej]
Taipei	Taipé	[taj'pɛ]
Tokio	Tóquio	['tɔkju]

Toronto	**Toronto**	[to'rõtu]
Varsovia	**Varsóvia**	[var'sɔvja]
Venecia	**Veneza**	[ve'neza]
Viena	**Viena**	['vjɛna]
Washington	**Washington**	['waʃĩgtɔn]

www.ingramcontent.com/pod-product-compliance
Lightning Source LLC
Chambersburg PA
CBHW070552050426
42450CB00011B/2833